私の好きなふるさと言葉

安藤 操＝編

編集協力＝NPO法人ふるさと文化研究会

国書刊行会

私の好きなふるさと言葉

編著　安藤　操

『訛りなつかし─ふるさと言葉と語り口』

　日本列島の北と南のはずれの津軽弁と薩摩・琉球弁とを比べてみても、そう簡単にはルーツが同じとは思えないでしょう。位置的にも歴史的にも近畿圏（京・奈良）の上方言葉をその源として、日本の方言は存在するはずですが、果たしてそう考えてよいのか、首をかしげる方もあるでしょう。

日本列島に住みついた祖先

　すでに縄文時代には、各地の特産品を持ち寄って交換していたようです。海岸や湖沼河川では魚と貝、山林では動物の毛皮と肉・果実・山菜、山奥では黒曜石などの鉱物・岩石、衣服にする植物や土器の原料の粘土などと多様であったでしょう。時代が進むにつれて、定期的な市場なども立つようになっていったはずです。それが、交易（市場）の原点です。

　当時は、未だ道路はありませんから、磯・海辺伝いと河川伝いが中心です。おそらくそのルートには、同族が集落を形成していたはずですからはるか昔に列島に渡来した自分たちの祖先の使っていた単純で基本的な言語を主に使っていたでしょう。

縄文後期から弥生時代になると

　大陸から稲作文化を持つ民族がやって来ました。水辺の耕作に向いた地には、共同作業の集落が出来て徐々に大きくなりました。それは、豪族の誕生でもあります。言い換えれば「地域共同体」による「国」づくりです。他集団(敵)から土地と収穫物と婦女子を守るためには、リーダーを中心とした組織が必要となります。

　そして、外部と意思の伝達をするためにお互いに他集団の使っている言葉との融合・混交がなされたでしょう。ですが、それだけでは、

新しい文化（生産方法・宗教・規則など）を取り入れるには限界があります。(今でも新しい品々が輸入されると、それに対応する外来語をカタカナ表記にして使っているのは苦肉の策です。)

　古くからの土着の民も新しい文化を持ち込んできた部（民）族の言葉を徐々に使うようになります。それは新しい渡来（侵入）者との戦いを経ての上であったかも知れません。もっとも新しい文化を持っている部族にかかっては、いくら屈強の土着民でもひとたまりもなかったでしょう。そして、徐々に近畿圏の言葉が波紋を描くように全国に広がっていきました。

新しい文化を持つ人々

　大陸から朝鮮半島を経てやって来て、近畿圏に根をおろし、権力統一をなしとげた部族によって、原日本国が成立したのでしょう。各地に土着していた先住民は、同化するか、逃亡するか、戦死するかの選択をしたのでしょうが、多くは同化の道を選び、新しい文化に対応した言葉を身につけようとしたのです。ですから、近畿圏から遠い地域になればなるほど中継地の訛りのついた言葉を継承して、しかもさらに自分たちの訛りをも加味したのです（もっとも、それは自然の成り行きですが）。新しい文化に対応する複雑で多様な発音法を自分たちの住む風土と生活様式に合わせて、単純・簡素な方向へと熟成させる（退化と言う方もおられるでしょう）ことになりました。都市とは異なり、お互いに熟知し合っている地域共同体では、以心伝心で用は済むので多言は無用なのです。

陶芸職人の存在

　考古学には「土器の型・模様の変遷から文化の伝播を構想する」方法があるようです。土器は粘土を乾燥させて焼き固めた器ですから元々は自然発生的な素朴なものであったでしょうが、時代と共に高度

『訛りなつかし―ふるさと言葉と語り口』

な技術を要する繊細な物になっていきました。それには、陶芸職人の集団が存在していたと思われます。

彼らは、おそらく大陸から朝鮮半島を経てやって来たに違いありません。その年代を推定するのは、今後の化学の進展に待つことになるのでしょうが、すでにある程度は明らかになっているようです。筆者はまったくの門外漢ですので、インターネットの東京大学「jomon/yamanouti.html」（鈴木公雄）・「kobuta/bunka2/b060.htm」を参考に紹介します。

土器を作る民（部）族が九州に上陸したのは、縄文草創期（B.C.12000～B.C.10000年）から早期（B.C.10000～B.C.6000年）でした。その後、多様な型と模様の土器が九州から関東地方にまで出現します。ちなみに「縄文」模様は、「豆粒文」「隆起線文」についで登場します。さらには、貝殻などを使って模様を作る土器は、関東・東海地方に分布します。東北地方の北部や北海道南部には遅れて出現するので、土器の様式からも文化の伝播が証明出来るのです。ちなみに「縄文時代」と言われるのは、およそB.C.12000～B.C.300年で、6期（草創期・早期・前期・中期・後期・晩期）に分かれています。なお、この時代を象徴する縄文土器は、早期（B.C.10000～B.C.6000年）の多縄文系の土器から始まります。

土器の様式から職人集団の存在を推定するならば、文化を伝播し、言葉を運んだ部族や民族が武闘集団や農耕集団をも包含して九州に上陸して、徐々に東進北上したであろうことが考えられます。土器の様式が地域ごとに微妙な変化をするということは、方言の場合でもイコールと考えられるのです。

漢字と仏教の渡来

ところで、中国から漢字と仏教が渡って来たことは、日本の文化にとって、かなりの影響力があったに違いありません。今までの音声言語だ

けの生活から言葉を記録し伝えることも可能になったわけで、日本語に幅と厚みを与えてくれました。また、仏教の経典などの書籍による影響力も無視できないでしょう。そして、これはヤマト言葉の大枠の中に閉じ込められていた方言にさえも漢語の影響が現れることでもあります。全国津々浦々に寺院が建てられ、僧侶が配属されるようになると、ことに訛りを持った漢語が地域に浸透しました。

弥生時代を経て、古墳文化の白鳳期になると中国大陸や朝鮮半島からの多くの渡来人が日本列島を東進北上し、東国にも新しい文化をもたらしたと考えられます。

国家統一のルート

また、ヤマトタケルに象徴される国家統一の武勇集団も各地に出向いたのです。したがって、素朴で単純な文化と言葉しか持っていなかっ

「関東方言語彙」の分派図

関東方言語彙
- その他の関東域分派
  - 西部分派
    - 南部分派
      - 北伊豆諸島分派
      - 神奈川県分派 — 西部分派／東部分派
    - (中間部分派)
      - 東京都分派 — 西部分派／東部分派
      - 埼玉県分派 — 西部分派／東部分派
    - 北部分派
      - 群馬県分派 — 南西部分派／北東部分派
  - 東部分派
    - 南部分派
      - 安房分派
      - 上総分派
      - 下総分派 — 西部分派／東部分派
    - (中間部分派)
      - 茨城県分派 — 南部分派／北部分派
    - 北部分派
      - 栃木県分派 — 南西部分派／北東部分派
- 八丈・青ヶ島分派
  - 八丈島分派
  - 青ヶ島分派

た東国の人々は、恐怖と感動を伴って、見よう見まねで新しいものを受け入れたと思います。

そのルートは太平洋岸沿いと、日本海沿いですから風待ち潮待ちのための入り江や河口に拠点が形成されたでしょう。そこは、後に港町（商業・交易都市）として栄えることになります。

西日本（山陽・山陰、九州、四国、さらには奄美・沖縄・八重山諸島）の場合は、少し事情が異なります。それは近畿圏に文化がもたらされるには、北九州から瀬戸内海や日本海沿いにルートがすでにあったからです。元々は、おそらく北九州あたりに日本列島で最初の文化圏が作られ、東進して近畿圏に強大な文化の発信地が生まれ、そして、そこから逆に近畿圏の文化が西進南下を始めたのでしょう。それは、国家統一の権力を伴っていたのです。

奈良・平安時代になると

中央の貴族たちも徐々に富める者（権力の中枢）と貧しい者（権力からの落伍）とに分化して来て、いわゆる都落ちの血族集団が生まれて来ます。その中には、中央での権力争いに破れた集団もいました。その集団は、日本各地の未開発地域に土着して、地方の豪族となるわけです。その人達は、元々は都の言葉を使っていたはずですが、中央文化圏では新しい流行語が生まれますから時代の流れに取り残された言葉が地方には残ることになります。また、先住者の言葉との混交・同化現象も起こったはずです。

それは、長い時間をかけて、地域ごとに微妙な変化をもたらします。たとえば、「関東方言語彙」の分派図をみますと、関東地方だけでもかなり多岐にわたっていることが分かります。

参考文献『講座方言学５関東地方の方言』（大橋勝男担当　国書刊行会　昭和59年）

なぜ、日本各地には、その地域ごとに方言が存在するのかの概略を

序章では述べさせていただきました。日本各地の同好の方々の方言採集と研究にお役に立てれば幸いであります。

編　者

私の好きなふるさと言葉・目次

『訛りなつかし─ふるさと言葉と語り口』 ──── 3

　　日本列島に住みついた祖先 ……………………… 3
　　縄文後期から弥生時代になると ………………… 3
　　新しい文化を持つ人々 …………………………… 4
　　陶芸職人の存在 …………………………………… 4
　　漢字と仏教の渡来 ………………………………… 5
　　国家統一のルート ………………………………… 6
　　奈良・平安時代になると ………………………… 7

日本の挨拶言葉──────────────── 17

1　各地の挨拶言葉 ……………………………………… 19
　1．朝の挨拶 ………………………………………… 19
　　　「おはようございます」
　　　「おきたか」
　2．田畑で出会ったときの挨拶 …………………… 20
　　　ご精が出ますね
　　　一生懸命
　　　気張る
　　　ご苦労様
　　　おかせぎですな
　　　よくやるね・やりおるな
　　　えらいですな
　3．訪問したときの挨拶 …………………………… 21
　　　御免ください
　　　こんにちは・よいあんばいです
　　　いるかい
　　　こんばんは

4．夕方の挨拶 ……………………………………… 22
　　　　おしまいなさい・おあがりなさい・おつかれさま
　　5．感謝とお礼の挨拶 ……………………………… 23
　　　　ありがとうございます
　　　　すみません
　　　　ごちそうさま

2　ふるさとの挨拶言葉―北から南から ………………… 24
　　1．青森県 …………………………………………… 24
　　　　南津軽郡田舎館村（鈴木喜代春）
　　　　西津軽郡木造町（大野栄子）
　　　　青森市古川町（対馬要一）
　　2．山形県 …………………………………………… 25
　　　　山形市七日町（佐久間昌夫）
　　3．群馬県 …………………………………………… 25
　　　　吾妻郡中之条町（藤田正子）
　　4．新潟県 …………………………………………… 25
　　　　三島郡越路町（片岡　惇）
　　5．山梨県 …………………………………………… 26
　　　　東山梨郡勝沼町（金丸美佐保）
　　6．福井県 …………………………………………… 26
　　　　勝山市（遠藤加代子）
　　7．奈良県 …………………………………………… 27
　　　　大和郡山市横田町（奥井貞男）
　　8．島根県 …………………………………………… 27
　　　　仁多郡横田町（高橋富夫）
　　　　鹿足郡六日市町（坂井政子）
　　　　鹿足郡六日市町（岩上武史）
　　9．広島県 …………………………………………… 29
　　　　甲奴郡甲奴町本郷（道々コスマ）

10．大分県 ……………………………………… 30
　　　　湯布院町塚原（鶴岡起久生）
　　11．鹿児島県 …………………………………… 30
　　　　鹿児島市（宮路貞孝）
　　　　薩摩郡入来町（迫田邦子）

私の好きなふるさと言葉―――――――――― 33

　　1．青森県 ……………………………………… 35
　　　　南津軽郡田舎館村（鈴木喜代春）
　　　　西津軽郡木造町（大野栄子）
　　　　青森市古川町（対馬要一）
　　2．宮城県 ……………………………………… 36
　　　　白石市
　　　　仙台市小田原（北目健次）
　　3．山形県 ……………………………………… 37
　　　　酒田市（北村香織里）
　　　　山形市七日町（佐久間昌夫）
　　4．福島県 ……………………………………… 38
　　　　伊達郡
　　5．群馬県 ……………………………………… 39
　　　　吾妻郡中之条町（藤田正子）
　　6．新潟県 ……………………………………… 39
　　　　三島郡越路町（片岡　惇）
　　　　新潟市松之山町（中岡ミン）
　　　　長岡市（中山禎子）
　　7．長野県 ……………………………………… 40
　　　　更級郡大岡村中牧（竹松美枝）
　　　　伊那谷地域（城田和人）
　　8．山梨県 ……………………………………… 41
　　　　富士吉田市新倉（土橋　寿）
　　　　東山梨郡勝沼町（金丸美佐保）

9. 福井県 ……………………………………… 42
　　勝山市（遠藤加代子）
10. 奈良県 ……………………………………… 43
　　大和郡山市横田町（奥井貞男）
11. 島根県 ……………………………………… 43
　　松江市（藤原秀子）
　　仁多郡横田町（高橋富夫）
　　鹿足郡津和野町森村（青松　要）
12. 岡山県 ……………………………………… 45
　　備前市鶴海（青山哲子）
13. 広島県 ……………………………………… 45
　　甲奴郡甲奴町本郷（道々コスマ）
14. 高知県 ……………………………………… 46
　　高知市（山脇映子）
15. 大分県 ……………………………………… 46
　　湯布院町塚原（鶴岡起久生）
16. 鹿児島県 …………………………………… 47
　　出水市麓町（鴨原晶子）
　　阿久根市脇本（跡上浩子）
　　鹿児島市（宮路貞孝）
　　薩摩郡入来町（迫田邦子）

各地の日常会話　　　　　　　　　　51

1. 青森県 ……………………………………… 53
　　南津軽郡田舎館村（鈴木喜代春）
2. 宮城県 ……………………………………… 54
　　名取市（斉藤春雄）
3. 山形県 ……………………………………… 55
　　上山市（山口　允）
　　最上郡真室川町（黒坂征子）

4. 新潟県 ……………………………………… 58
　　長岡市千手町（中山禎子）
5. 山梨県 ……………………………………… 59
　　北都留郡上野原（堂本幸子）
　　東山梨郡勝沼町（金丸美佐保）
6. 静岡県 ……………………………………… 61
　　天竜市熊（橋本百合子）
7. 愛知県 ……………………………………… 61
　　名古屋市（相馬和代）
8. 福井県 ……………………………………… 62
　　勝山市（遠藤加代子）
9. 京都府 ……………………………………… 63
　　京都市油橋詰町（吉井　好）
10. 和歌山県 …………………………………… 65
　　有須町（長崎康男）
11. 岡山県 ……………………………………… 66
　　御津郡野谷（津島　薫）
12. 広島県 ……………………………………… 67
　　甲奴郡甲奴町本郷（道々コスマ）
13. 山口県 ……………………………………… 68
　　山口市（中島玲子）
14. 熊本県 ……………………………………… 69
　　上益城郡嘉島町（山田美枝子）
　　熊本市（黒木淳子）
　　《参考》日本語のルーツをたずねるために
　　　　　　日本語の音韻

昔話「雨蛙はなぜ鳴くか」─日本各地の語り口─── 77

1. 青森県 ……………………………………… 79
　　南津軽郡田舎館村（鈴木喜代春）

2．宮城県 ………………………………………… 81
　　名取市（斉藤春雄）
3．山形県 ………………………………………… 83
　　上山市（山口　允）
　　最上郡鮭川村（黒坂征子）
4．茨城県 ………………………………………… 87
　　久慈郡大子町（栗田律恵）
5．新潟県 ………………………………………… 88
　　長岡市（中山禎子）
6．山梨県 ………………………………………… 90
　　北都留郡上野原町（堂本幸子）
7．福井県 ………………………………………… 92
　　勝山市（遠藤加代子）
8．京都府 ………………………………………… 94
　　京都市（吉井　好）
9．岡山県 ………………………………………… 96
　　御津郡野谷（津島　薫）
10．広島県 ………………………………………… 98
　　甲奴郡甲奴町本郷（道々コスマ）
11．愛媛県 …………………………………………100
　　西条市（石田アイ子）
12．高知県 …………………………………………101
　　高知市（山脇映子）
13．大分県 …………………………………………103
　　湯布院町（鶴岡起久生）
14．熊本県 …………………………………………105
　　上益城郡嘉島町（山田美枝子）
　　熊本市（黒木淳子）
15．鹿児島県 ………………………………………109
　　阿久根市脇本（跡上浩子）

《参考》八重山（竹富島）の民話
昔話の形式的な約束

心にしみいるふるさと言葉―――――――――――――――117

　古い地方のことばと「いのち」　　　鈴木喜代春　118
　「ふるさとことば」あれこれ　　　　中山　禎子　120
　お国言葉に助けられ　　　　　　　　島　利栄子　121
　方言はかけがえのない癒し　　　　　高橋　昌規　123
　私のお国言葉　　　　　　　　　　　鎌田　啓二　125
　ふるさとの言葉　　　　　　　　　　尾崎　洋右　127

方言を考える―「あとがき」にかえて――――――――129

　1．言葉（言語）って何だろう？ ……………………129
　2．音韻 …………………………………………………129
　3．アクセント・イントネーション …………………130
　4．文法 …………………………………………………131
　5．語彙 …………………………………………………131
　6．方言・俚言・訛り …………………………………131
　7．日本方言の区分 ……………………………………132
　8．なぜ、方言に関心を持つのか ……………………133
　あとがき ………………………………………………133

日本の挨拶言葉

1　各地の挨拶言葉

１．朝の挨拶

「おはようございます」

　「お＋はよう」は、どこの地域でも変わらないが、「ございます」は、いろいろと変化する。
　ごぜぇます（千葉など）
　ござります（愛知・伊豆大島など）
　ござぁす（宮城）
　ござんす（岩手・秋田・関東・甲信越・富山・中国・佐賀・長崎など）
　ごいす（青森・山梨・福井）
　ごわす（長野・徳島・鹿児島）
　がんす（岩手・秋田など）
　がす（青森・岩手・宮城・福島）
　す（東北の一部）
　あります（広島・山口）
　さん（近畿）
　※「お」を除いた挨拶もある。
　　はやえなっす（山形・福島）・はえぇねぇ（千葉・群馬・岐阜）・はやいなあ（滋賀・和歌山）・はやいのう（愛知・香川・山口・宮崎）・はやかのもう（福岡）・はやかない（熊本）

「おきたか」

　おきたかい・おったけぇ（千葉県）・おぎだがぁ（山形県大島）・おきたねぇ（東京都利島）・おきたかやぁ（長野県秋山郷）・おきやっさったかい（富山県上平村）・おきっさったかい（鳥取県境港市）・おきたかの（島根県西ノ島町）・おきったな（鹿児島県頴娃町）

２．田畑で出会ったときの挨拶

ご精が出ますね
　せいがでんね（千葉）・がま（我慢）だじょるばいのう（熊本）・がまんしゃるの（八丈島）

一生懸命
　いっしょうけんめいですね（富山・群馬・福島県を結ぶ線の北側〜だすな・〜だなっす）がんばるね（千葉＝がんばんね・長野秋山郷＝ぐゎんばろのし・福井＝がんばるのう・福岡＝がんばりょんなるなぁ）

気張る
　おきばりやす（滋賀）・きばいよんな（佐賀）・おきばんさんなたぁ（長崎）・きばぁりんしょるかた（奄美大島）・ちばいみしぇーびーみ（沖縄本島）・ぎばろーるん（石垣島）

ご苦労様
　北陸・関東・東北地方

おかせぎですな
　関東・東北地方

よくやるね・やりおるな
　千葉・長野・岐阜・愛知・近畿・四国・九州地方

えらいですな
　近畿・山陽地方

3．訪問したときの挨拶

御免ください
　ごめんなせぇ・ごめんくだせぇ（千葉）・ごめんくだはれ（富山）・ごめんくだはりまっせ（熊本）・ごめんやす（愛知・滋賀・京都）・ごめんなんせ・ごめんなんしょ（岩手・長野・鳥取・山口・鹿児島）・おゆるし（奈良・和歌山）・およろしなんせ・おいろーし（山口・長崎）ごしゃめんなはれ（徳島）・ゆしりやびら（沖縄本島）

こんにちは・よいあんばいです
　こんちは・こんちゃ・ちわぁ・ちゃぁ（日本各地）
　いいあ（や）んべぇ・よいや（あ）んべぇ（日本各地）

※挨拶の「あんばい」についての柳田国男先生の論は、参考になります。先生は、日本語を何でも漢字に当てはめたために意味がおかしくなったり、わからなくなったりした例として、この「あんばい」を『毎日の言葉』であげています。漢字では「あんばい→塩梅・按排」と書くことが多いようですが、これは当て字で、物を適当に排列することでも、料理の塩加減でもない。語原は「あはひ（間）」で、あとはの間にn音が挿入され、さらに、「は→ば」となり、「あんばい ahahi → anbai」と変化したと想定し、「塩梅」は「えんばい」のはずで「え→あ」とはならないと述べています。

いるかい
　いるかぁ・いっかぁ・いたかぁ・いたかい（千葉）・いたすか・いんたか（東北）・おるかえ・おってかい・おるかや・おんな（北陸・中国・四国・九州）
　※ いらっしゃいますか→おであんしたか（岩手）・おじゃりやろか

（八丈島）・おられますけ（富山）・おいでますか（高知）・おんなるか（宮崎）

こんばんは

　夕方から夜にかけて「こんばんは」の挨拶は、全国的に普及している。これは、「こんにちは」と対応している省略形であり、この後に本来は、「良い天気ですね」とか「涼しくなりましたね」と言う意味の言葉が続いたはずである。

　「こんばんは」は、「おばんです」類として東北各地では以下のように表現分布することが多い。青森＝おばんでがす、岩手＝おばんであんす、山形＝おばんだなっす、新潟＝おばんでやす、宮城＝おばんでござりす・おばんでがす・おばん、北陸・山陰など＝おばんになりました、などと分布している。また、秋田＝ばんげなったな、福井＝ばげんなれしたのー、鳥取＝ばんなりました、という表現分布などがみられる。

4．夕方の挨拶

おしまいなさい・おあがりなさい・おつかれさま

　田畑で働く人に夕方出会うと、上総では「はぁ（もう）、暗うなっかんおしめぇなさいまし」と声をかけて家路を急ぐ。また、「そろそろ上がんねえかい」などとも声をかける。そこには、同じ地域で働くもの同士の連帯感が感じとられる。『毎日の言葉』（柳田国男）では、「おあがりなさい」（下総）・「あがねすか」（秋田）・「あがりあんすだか」（岩手）・「おあげなさいました」（佐渡）などの言葉をあげて「アガルは仕事を中途で切って、田畠から休みに出て来ることで、それで昼あがり・四つあがりという名もあり、学校から子供の帰って来ることをも、三時あがりなどという人があるのです。〜食物を与えたかではありません。〜骨折りさこそとねぎらう意味な

のであります。」と、元々の意味を述べている。なお、「お疲れ様」は、甲信越に多い傾向がある。

5．感謝とお礼の挨拶

ありがとうございます

　「どうも　ありがとうございます」は、「〜ごぜぇます・〜ござります・〜ござんす・〜がんす・〜がす」などと文末が地域によって変わるが大筋は同じである。西日本に分布する「おおきに・おおきん・おおけに」（大変）は、「どうも・どうもどうも」と似ている。島根・愛媛・熊本などの「だんだん」（段々）も同様である。

すみません

　江戸や上総の「すまねえよ・すんません」は、謝罪の形をとった感謝の表明である。「すいません・すんまへん・すまんな」は、中部日本に多い。また、「もうしわけない・もうしわけございません」は、新潟・長野・静岡に点在している。「わるいね」は、千葉や福井では、恐縮の意味で「えれぇ（とても）わりぃね」などと使われる。

ごちそうさま

　豪華なご馳走を出されると上総では「こらぁ、えれぇごっつぉだね」「大ごっつぉんなる」と言う。そして、食べ終わると「ごっつぉさん（でした）！」とお礼を言う。新潟・富山・長野・山梨・静岡などにも共通の言い方（ごっつぉだね・ごちそうさんでござんすなど）がある。

　　　　　　　　　　参照　ことばシリーズ『あいさつと言葉』（文化庁）ほか

2　ふるさとの挨拶言葉―北から南から

1．青森県

◆南津軽郡田舎館村（鈴木喜代春）

	出会ったとき	別れるとき	訪問のとき	備考(ただし書き)
朝	おはよごす	ごめんけひ さえなら	ごめんけひ	
昼	いい日です	ごめんけひ	ごめんけひ	
夕	雨ふる（など天候で）	さえなら		
晩夜	おばんです	ごめんけひ さえなら	ごめんけひ	

◆西津軽郡木造町（大野栄子）

	出会ったとき	別れるとき	訪問のとき	備考(ただし書き)
朝	ワイハー元気でしたが	ヘバ又の元気での	ゴメン下さいへ	
昼		サイナラ	だいがいねが（誰か居ませんか）	
夕				
晩夜				

◆青森市古川町（対馬要一）

	出会ったとき	別れるとき	訪問のとき	備考(ただし書き)
朝		ひばまたな		では又
昼		ひばまたな		
夕	おばんです	ひばまたな	おばんです	
晩夜	おばんです	ひばまたな	おばんです	

2．山形県

◆山形市七日町（佐久間昌夫）

	出会ったとき	別れるとき	訪問のとき	備考(ただし書き)
朝	おはよさん	んだば	ごめんすてけらっしゃえ	ではまた
昼	こんにっつあっす	さえなら		
夕	おばんがた		おばんです	
晩夜	おばんがた		おばんです	

3．群馬県

◆吾妻郡中之条町（藤田正子）

	出会ったとき	別れるとき	訪問のとき	備考(ただし書き)
朝	お早うございます	さようなら	ご免ください	
昼	こんにちは	さようなら	ご免ください	
夕	お晩です お晩になりました	さようなら	ご免ください	
晩夜	今晩は	さようなら	ご免ください	

4．新潟県

◆三島郡越路町（片岡　惇）

	出会ったとき	別れるとき	訪問のとき	備考(ただし書き)
朝	おはようござんした（おはようございます）	ごめんなっしょ（ごめんください）	ここんしょいなんしたのか（ここの家の人いますか）	
昼	だんだんまた（こんにちは） なじょらね（いかがですか）	ごめんなっしょ（ごめんください）		

		ごめんなっしょ（ごめんください）		
夕		ごめんなっしょ（ごめんください）		
晩夜	おばんです（こんばんは）	ごめんなっしょ（ごめんください）		

5．山梨県

◆東山梨郡勝沼町（金丸美佐保）

	出会ったとき	別れるとき	訪問のとき	備考（ただし書き）
朝	おはようごいす	ごめんなって ふんじゃあーしつれいしやす	いるけー	
昼		又こうしね 待っているよ	いんけー	
夕				
晩夜				

6．福井県

◆勝山市（遠藤加代子）

	出会ったとき	別れるとき	訪問のとき	備考（ただし書き）
朝		あばなー		
昼	あやーこんにちは	あばなー		
夕		あばなー		
晩夜		あばなー	おばんでやんす	

7．奈良県

◆大和郡山市横田町（奥井貞男）

	出会ったとき	別れるとき	訪問のとき	備考（ただし書き）
朝	おはようさん これからでっか？	がんばっとくなはれ お忙しいでっか？	早ようにすみません	
昼	こんにちは もうお帰りでっか？	これからどちらへ	ひるどきにおじゃましてすみません	
夕	おつかれさん お元気だっか？	すぐお帰りですか？ 気をつけてか	夕食前のお忙しい時にすみません	
晩夜			夜分にすみません	

8．島根県

◆仁多郡横田町（高橋富夫）

	出会ったとき	別れるとき	訪問のとき	備考（ただし書き）
朝	お早うさん。べったぁ べったぁ　だんだん。	さえなら。 ほんまアまたのう。		
昼	こんちはァ。 だいぶのくうなったのう	さえなら。 ほんまアまたのう。	べったぁ(いつも)世話になってすまんのう	
夕	ばんじまして			
晩夜	ばんじまして	さえなら。 みんなねしゃっしゃい（やすまっしゃい）		

◆鹿足郡六日市町（坂井政子）

	出会ったとき	別れるとき	訪問のとき	備考（ただし書き）
朝	さむいねえ あついねえ	それじゃあねえ	おりんさる？	
昼	悪い天気じゃねえ	またねえ	参じました	
夕	おしまいかね？	おしまいさんせえ	今晩は	
晩夜	今晩は	おやすみさんせえ	しまいんさった？	

◆鹿足郡六日市町（岩上武史）

	出会ったとき	別れるとき	訪問のとき	備考（ただし書き）
朝	ええあんばいで（良い天気で） ごせーがでますなー（毎日の仕事ご苦労さん） なんしかのー（何をされていますか）	そいじゃー（それでは）	おいるしなされませー（ごめんください） さんじました（こんにちは） ごめんさんせー（ごめんください）	
昼	ええあんばいで（良いお天気で） なんしかのー（何をされていますか） たちばなしもなんでございますが（立ち話で失礼ですが） ごせーがでますなー（毎日の仕事ご苦労さん） ごぶれーしちょりまする（ご無沙汰しています）	そいじゃー（それでは） おさまたげしました（お邪魔しました） ながゆーしました（長いこと手間をとらしました） さよー（さよなら）	おーちでございますか（ご在宅ですか） おいるしなされませー（ごめんください） ごめんさんせー さんじました（こんにちは）（朝・夕でも使える）	

昼	みんなまめかいのー（懇意な人に会う挨拶「元気ですか」の意味）ごそりごそりしちょります（どうにか元気でくらしています）			
夕		おしまいさんせー（さようなら）ながゆーしました（長いこと手間をとらしました）おさまたげしました（お邪魔しました）	おしまいでございます(こんばんは)おかもいんさんなすな(お構いなく)ごじぶんでござりますか（食事時間帯に訪ねた時の挨拶）	
晩夜		おやすみさんせー（さようなら・おやすみなさい）そいじゃーまたきましょー（又お伺いします）		

9．広島県

◆甲奴郡甲奴町本郷（道々コスマ）

	出会ったとき	別れるとき	訪問のとき	備考(ただし書き)
朝	おはよーさんですおはよーがんすはやいのー	さいならそいじゃーまた	ごめんおってのー	
昼	こんちは	じゃましたのー	おってかいー	
夕	おばんですおしまいです		ごめんなしゃーよ	
晩夜				

10. 大分県

◆湯布院町塚原 (鶴岡起久生)

	出会ったとき	別れるとき	訪問のとき	備考(ただし書き)
朝	ひさしいなあ どげえしょったかえ おあつうございます おさむうございます 今日はいいあんばいやなあ(天気) 元気しちょったかえ	ほなさいなら(気をつけて) きーつけよ ほなな(じゃあネ)	おごめん(ごめんください) おこんばんは おるかえ(いますか?)	
昼				
夕				
晩夜				

11. 鹿児島県

◆鹿児島市 (宮路貞孝)

	出会ったとき	別れるとき	訪問のとき	備考(ただし書き)
朝	おげんきおさいじゃしたか ンちゃだっござした	ほんなら又おやげもんそ おげんきしっおさいじゃしたもし	おじゃまもしゃげもす(訪ねてこられたとき) ゆくさおさいじゃったもした(ようこそおいで下さいました)	今日はまだお逢いしませんでした。 おはようございます。
昼				
夕				
晩夜				

◆薩摩郡入来町（迫田邦子）

	出会ったとき	別れるとき	訪問のとき	備考(ただし書き)
朝	良か朝ごわひな	あいがとごしゃげもした あいがとごわした	ごめんなんせ	ここに上げたことばは、ていねいな武家言葉です。
昼	良か日よいごわひな	また明日ごわんそ	おさいじゃひたか（いらっしゃいましたか）	
夕				
晩夜	良か晩ごわひな（いい晩でございます）			

私の好きなふるさと言葉

1. 青森県

◆南津軽郡田舎館村 (鈴木喜代春)

好きな言葉・ おもしろい言葉	共通語では (または意味を)	使われ方は
な	あなた	な、いままでどこねいただば？
わ	わたし	わ、めいわぐかげでまったじゃ
まね	いけない・だめだ (否定)	なんぼ本よむなといってもまねおらよむ
じょっぱり	がんこ	どうしても学校さ行ぐのが？ねつあるのに。じょっぱりだはでなよ……
もじょい	かなしい かわいそう	お母もなくなって、わらはど2人になってまったど。なんぼもじょいばな。
あんじまし	ほっとする さっぱりする	やませも止んで、これからイネがのびる。やっと、あんじましい夏ねなったな。
からきじ	わがまま	この洋服着ていけばいいべよ、どうしてまねのよ。なんぼ、からきじだばな。
めごい	かわいい	お母の手つだいするようねなった、めごいめごい。はいはいする。めごいめごい。

◆西津軽郡木造町 (大野栄子)

好きな言葉・ おもしろい言葉	共通語では (または意味を)	使われ方は
あへずかしい	おちつきのない こちょこちょしている	

◆青森市古川町 (対馬要一)

好きな言葉・ おもしろい言葉	共通語では (または意味を)	使われ方は
あづましい	幸福、気持ち良い等	あづましく生活しているか？新しい家はあづましいの
びっこたっこ	たがいちがい	靴、びっこたっこに履いている
かちやましい	うるさい	かちやましい人だの
けっぱれ	頑張れ	こんどはけっぱらねばまいね(いけない)ど

ごぼほり	酒癖の悪い人	こんどからごぼほりと飲まねど
かだくら じゃっぱり	頑固	家の父(おど)かだくらでまいね(駄目)
はんかくさい	足りない	隣の人ははんかくさくねが
おやぐまき	しんせき	おやぐまきに行ってくるじや

2．宮城県

◆白石市

好きな言葉・おもしろい言葉	共通語では（または意味を）	使われ方は
おだずぼっこ	ふざけん坊	私の息子おだずぼっこで…
おかゆの親方	ごはんが柔らか過ぎる時	おかゆの親方でやっこくて(柔らかくて)まずい
水の親方	お風呂がぬるい時	水の親方で火をつけて入った
もぞこいなあ	かわいそうだなあ	
すっからこい	ずるがしこい	

◆仙台市小田原（北目健次）

好きな言葉・おもしろい言葉	共通語では（または意味を）	使われ方は
やんだべ	いやです	そんなことしたら、やんだべ
だいっちゃ	そうです	そうなんだいっちゃ
へらいん	おはいりください	どうぞ、こっちゃへいらん
きたすか	きましたか	あそびにきたすか
おんちゃん	おじさん	
いかすか	いきますか	かいものにいかすか

3．山形県

◆酒田市（北村香織里）

好きな言葉・おもしろい言葉	共通語では（または意味を）	使われ方は
めじょけね	かわいそう	「あいやー、めじょけねー。」
もっけだの	ありがたいです	何かプレゼントされた時に「もっけだのー。」と言う。
おぼこ	子供	「わらし」とも言う。
あぱ	母親	
ばっぱ	おばあさん	
めんこい（めんご）	かわいい	「このぬいぐるみ、めんごのー。」

◆山形市七日町（佐久間昌夫）

好きな言葉・おもしろい言葉	共通語では（または意味を）	使われ方は
ほんてん	本当？	その嘘ほんてん？（信じられないわ）
ちぇで　あべ	連れていって頂戴	おらもディズニーランドちぇで　あべ
見らた	見ようと思わなかったけど見てしまった	覗いだのんずね、見らたんだず！
おばんがたです た。佐久間です た。	今晩は。佐久間ですけど。	現在の事を過去の言い方で表わす。
ちょどす	おとなしくじっとする	ちゃかちゃかすてねで、ちょどすてろ（ちょろちょろしないでおとなしくしていなさい）
「け」「く」	「食べなさい」「いただきます」	世界一短い会話
はらだくさえ	うさんくさい	怪しい
むずりかど	曲がり角	まがりまっつぐいて、ぶつかりは右さむずっど〜（道なりに真直ぐ歩いて、十字路に出て右に曲がると〜）

4．福島県

◆伊達郡

好きな言葉・おもしろい言葉	共通語では（または意味を）	使われ方は
あだ	あんな	「あだ人」「あだ所さ行きだくねえ。」
よぐござったごど	よくお出下さいました	
よぐこらったないい	よく来てくれたねえ	
まんまかせで	ごはん食べさせて	
おぢゃのんでがんしょ	お茶飲んで行ってください	
かっちぇわすい	落ち着きがない	
行ってこらんしょ	行ってらっしゃい	
せなどこさ	長兄の家へ	
「おばんです」「おばんでございます」「おばんなりすた」「おばんでございます」	こんばんは	
もぞこいなあ	かわいそうだなあ	
すっからこい	ずるがしこい	
体病み（からだやみ）	なまけもの	

5．群馬県

◆吾妻郡中之条町（藤田正子）

好きな言葉・おもしろい言葉	共通語では（または意味を）	使われ方は
牛ねんぼう	牛（愛着を込めているような？）	牛ねんぼうにエサやりに行く
しゃいなし	ふざけたこと、ものずき	また、そんなしゃいなしして、ろくでもない
てんごう	いたずら	てんごうするとバチがあたる
そらっこと	うそ　空事	そらっこと言って笑わす
じゅうくう	生意気	じゅうくう言うな！
そっそい	粗相。つまらない	そっそい人
のめし	なまけもの	のめししてちゃなんねえ
びしょったねえ	不精で汚い	びしょったねえかっこう

6．新潟県

◆三島郡越路町（片岡　惇）

好きな言葉・おもしろい言葉	共通語では（または意味を）	使われ方は
しょうしい	はずかしい	
しっとつ	いっぱい	
ねまる	すわること	
しょったれ	だらしない	
しゃっこい	つめたい	

◆新潟市松之山町（中岡ミン）

好きな言葉・おもしろい言葉	共通語では（または意味を）	使われ方は
ちょんのびだ	気がおけない　らしくなった　気分が良い	
だすけの	だから　何々	

◆長岡市 （中山禎子）

好きな言葉・おもしろい言葉	共通語では（または意味を）	使われ方は
ぶちゃる	捨てる	ゴミをぶちゃる
もじゃくる	もみくちゃにする	新聞紙をもじゃくる
こちょます	くすぐる	背中をこちょます
こちょまっこい	くすぐったい	背中がこちょまっこい
こって、こってこと	とても	こってうんめえ（とてもおいしい）
ゲー	ゲロ	ゲーを吐く
はらくっちゃい	お腹がいっぱいだ	あーぁはらくっちぇー
しょうしい	恥ずかしい	あーぁしょうしかった（恥ずかしかった）
しゃつこい	冷たい	手がしゃつこい
のめし	怠け者	また、のめしこいてるな（怠けているな）
こんげん そんげん あんげん	こんな そんな あんな	こんげんとこにいたて（こんな所にいたわ）
どういが？どうしたが？	どうして？どうしたの？	
じゃみる	大泣きする	子供が人前でじゃみて困った

7．長野県

◆更級郡大岡村中牧 （竹松美枝）

好きな言葉・おもしろい言葉	共通語では（または意味を）	使われ方は
てきない	だるい	今日はなんだかてきなくて
もうらしい	かわいそう	早く親と別れて、もうらしい
ずくなし	まめに動かない	若い頃は良くやったが、今はまるでずくがなくて
かんぼかなわない	気力体力がなくなった　自信がない	元気な内にやっておきなさい。かんぼかなわなくなってからではだめ（年をとった）
はしつこい	すばしこい	
おらほう（方）	こちら（私の方）	（女の人はあまり使わない）こちらに来たらおらほうにも寄って下さい

とびっくら	かけっこ	かけっこ、いつも一等だ
たまげた おどけた	思ってなかった（意外） おどろいた びっくりした	（同じに使うこともあるが微妙にちがう）

◆伊那谷地域 （城田和人）

好きな言葉・おもしろい言葉	共通語では（または意味を）	使われ方は
ゆかず	行く	千葉にゆかず
おべんちゃら	お世辞	おべんちゃら言うな
おわいな	食べる	おわいないしょ
くべる	薪を補給する	風呂の薪をくべておけ
そうずる	そうだと思え	おめえもあのことはそうずら
おてしょ	小皿	おてしょに取っておわいないしょ
おしょうしい	恥ずかしい	
ごしてい	疲れた	今日ごしてかった

8．山梨県

◆富士吉田市新倉 （土橋　寿）

好きな言葉・おもしろい言葉	共通語では（または意味を）	使われ方は
あいさ	あいだ	本のあいさにはさんだ紙
おまん	あなた	おまんは何をしてるだ
あんやん	兄さん	俺のあんやんはなー
いっさら	全く	いっさらわからんよ
よっけし	寄ってください	たまにはよっけし
うっちゃる	捨てる	これはうっちゃるぞ
うてげえし	口答え	子どものくせにうてげえしするな
えらい	骨が折れる	えらい仕事だる

◆東山梨郡勝沼町（金丸美佐保）

好きな言葉・おもしろい言葉	共通語では（または意味を）	使われ方は
おまん	あなた	おまんとう(あなたたち)はだめじゃ
おれ	わたし・ぼく	
ふんとうに	ほんとうに	
こじくれている	ひねくれている	この子は、ふんとうにこじくれているじゃんね
つぼ足	素足のこと	足がこおりのように冷たいと思ったらつぼ足でいるじゃん、早く靴下はけし

9．福井県

◆勝山市（遠藤加代子）

好きな言葉・おもしろい言葉	共通語では（または意味を）	使われ方は
あっぱ	うんち	
てきねぇなぁー	くるしい つらい(病気で)	熱は下がらないし頭が痛くててきねぇなぁー
おとましい	もったいない 大切なもの	これはおとましい物やから大切に取っておこう
だたいない	だらしない	なんやその服の着方はだたいないなあ
わらびしい	子供っぽい	この洋服ちょっとわらびしいとちがうかな
ちゃがちゃが	むしゃくちゃ	あれもこれもしなくてはならず頭の中がちゃがちゃがやわ
てなわん	いじわる　手に負えない	あの子はてなわん子で嫌だわ

10. 奈良県

◆大和郡山市横田町（奥井貞男）

好きな言葉・おもしろい言葉	共通語では（または意味を）	使われ方は
ぼちぼちや	変わりありません	景気はどうですか？ぼちぼちや。
なおしといて	どこかに納めておいて	この箱なおしておいて（関東では修理することにとられる。）
どっちでもいいわ	判断を相手に任せる	食事をしますか？どっちでもいいわ。自分が食べたいのに相手が反対の行動をした時には気がきかないと思われる。
あきまへんな	だめです	景気はどうですか？あきまへんな。
いわんといて	言わないで	そんなこといわんといて。
おおきに	ありがとう	いつもおおきに。
いけず	いじわる	そんないけずせんといて。

11. 島根県

◆松江市（藤原秀子）

好きな言葉・おもしろい言葉	共通語では（または意味を）	使われ方は
だんだん	ありがとう	
だんだんだんだん	ほんとうに、ありがとう	
ばくらとする	ほっとして落ち着く	大仕事が終わって、ばくらとした
がっしょがけ	一生懸命	熊に出会って、がっしょがけで走って逃げた
じじらに	絶え間なく	あの犬は、じじらに吠えている
かいしき	さっぱりダメ	今年の収穫はかいしきだ
だだもん	毎度	だだもんお世話になっています
いとしなげな	可愛そうな	あの子は、親を早くなくして、いとしなげな子供だ

◆仁多郡横田町（高橋富夫）

好きな言葉・おもしろい言葉	共通語では（または意味を）	使われ方は
だんだん	ありがとう	べったぁ（いつも、たびたび）お世話になってすまんのう。だんだん。ほんのちょんぼ（少し）だけれど出雲そば食べてござっしゃい。
おたべ	びっくりした　おどろいた	ああ、おたべ。ちょんぼ（少し）の間にこげに（こんなに）大きいなって。
やくてえもねえ	役にも立たないこと	そげな、やくてえもねえことを言わしゃんな。

◆鹿足郡津和野町森村（青松　要）

好きな言葉・おもしろい言葉	共通語では（または意味を）	使われ方は
おんのめ	なめらかに	そこはおんのめに移行するように（有形の物につかう）
うっぱい	おおよその見積評価	この家の材料費はうっぱいで、どのくらいかなー
さいちんをやく	おせっかいをやく	私がいろぬさいちんをこいて、こうしてやった
おらにゃーそれぇ	みはなす	おらにゃあそれぇほっとくい
それべく候	その後音沙汰なし	それべく候なにも言ってこんのいや
杖がぬける	地滑り	あそこは杖が抜けて不通といや
てれんぱれん	真面目に仕事をしない人　仕事ぎらいで定職につかぬ人	あいつは何時もてれんぱれんじゃけえ
こんのう	脱穀、又は無駄に物を消費する事にも使われる	大豆のこんのうは、やったかいっそ。はががいかん材料のこんのうよ

12. 岡山県

◆備前市鶴海（青山哲子）

好きな言葉・おもしろい言葉	共通語では（または意味を）	使われ方は
いけん	いけない	そんなことしたらいけんのよ。
ほんま	ほんとう	その話、ほんまじゃろか。
ぎょうさん	たくさん	こんなにぎょうさんもろてよかったのー。
どげんしたん	どうしたの	そんなにびっくりして、どげんしたん。
つこうて	使って	つこうてやってつかーさい。
きょうてい	こわい	さっきはきょうていかったね。
ふうが悪い	かっこ悪い	そんな洋服じゃ、ふうが悪いんよ。
ぶげんしゃ	お金持ち（分限）	あそこの家はぶげんしゃじゃけー。

13. 広島県

◆甲奴郡甲奴町本郷（道々コスマ）

好きな言葉・おもしろい言葉	共通語では（または意味を）	使われ方は
ごっつぉーさんでした	ごちそうさんでした	なつかしい手料理をたくさんつくっていただいて、ほんまにごっつおーさんでございました。
たいがいこってした	堪え難いほど恐縮です	朝早うから荷運びを手伝ってもらうてほんまにたいがいこってした。
こなたにゃー、まごじょができられただけでお目出度うございます。	（出産祝いのあいさつ）	こちら様にはお孫様が誕生なさったそうでおめでとうございます。
こなたにゃー、おひがらようー、しゅーげんができましたげて	（結婚祝の挨拶）	お宅にはお日柄もよく祝言ができましたそうでおめでとうございます。

14. 高知県

◆高知市 (山脇映子)

好きな言葉・おもしろい言葉	共通語では（または意味を）	使われ方は
のうがわりい	具合が悪い	げにこの戸はのうがわりい。大工さんに直してもらわんといかんねえ
雨がふっちゅう	雨が降ってる	まあ知らざった。夕べ雨がふっちゅうねえ
雨がふりゅう	雨が降ってる	いや雨がふりゅう。困った傘もっちょらん
かわるにかわらん	代わるかも知れない	千円くずしてくれん？よっしゃ、まってよ。かわるにかわらん
へんしも	大急ぎで	定期券忘れちゅう、へんしも持っていちゃって
すんぐに	すぐに	よっし、すんぐに行くき待ちよりや
もがる	ごねる	あの人はすんぐにもがるきしょうやれん
おどろいた	目が覚めた	よんべのことよね　あてがおどろいたらごとごと音がしょるじゃいか

15. 大分県

◆湯布院町塚原 (鶴岡起久生)

好きな言葉・おもしろい言葉	共通語では（または意味を）	使われ方は
なしか	なぜか	みんなが笑うんはなしか？
おえしゃくわりかったなあ	おかまいもしませんで	人が帰る時に本当おえしゃくわりかったなあまた出ちおいで
とぶ	走る	運動会でとんでおいで
むげねえ	かわいそう　かわいい	親と早く死にわかれてむげねえなあ　こん子はいつみても、むげねえ子やなあ
よだきい	めんどくさい事	よだきいけどしかたねえ。するしかねえ
えーらしい	かわいらしい	えーらしい服を着ちょんなあ
しゃーしい	うるさい	ギャーギャさわいで、しゃーしいなあ
塩気がからい、あまい	塩味がこい、うすい	こん煮物はちぃーっと塩気があまいなあ

16. 鹿児島県

◆**出水市麓町**（鴨原晶子）

標準的な言い方	町ことば	麓ことば	備考
あなたは何処にいかれるのですか	おはんな どけ いっきゃっとな(女) わや どけ いっとよ(男)	おまんさぁ どけ おじゃっとごあんすかぁ	け＝貝、け＝買うけ＝〜をしにわや＝君は
私は貝を買いに行く所ですよ	あたや、け け け いっとこいじゃーが おや け け いっとこい(男)	あたや け け け いっとこいございもん。	おはんな・おまんさぁ＝あなたおや＝おれは
あら、貝は何処で売ってるの？	んだ、けはどけうっとっと？	んだぁ、けはどけうっといもんどかいな	どけ＝何処に
川の岸でたくさん売ってるのよ	かわんこらでずんばるよいうっとうが	かわんこらでずんばいうっといもんが	川んこら＝川岸 ずんばい＝たくさん
あら、しまったお金をもってくるのだった	ちょっしもた、ぜんのば持ってくっとじゃった	ちょっしももした、おあしをもってくっとじゃいもしたが	もした・もん・もそ＝申す・〜しますなど丁寧な言い方
此処に持っているからお金を貸すよ	こけもっとって、ぜなんかすが	こけもっといもんでぜんなかしもそはん	こけ＝此処に
一緒にそこへ行きましょう	ちのでそけいっが。(そけ いこはん)	ちのでそこいさいきもんそ	ちので＝連れ立って
あらすみませんね。借りて貝を買って帰りましょう	んだぁすんもはんな。かってけをこてもどうがぁ	んだぁすんもはんなぁ。かって、けをこてもどいもそ	かって＝借りて けをこて＝貝を買って

◆阿久根市脇本（跡上浩子）

好きな言葉・おもしろい言葉	共通語では（または意味を）	使われ方は
げんなか	恥ずかしいようなきまりが悪い	あんまり ほめられて げんなか
ひったまがった	びっくりした	Aさんは、はしいぐら（かけっこ）が早くてひったまがった
はんとけた	ころんだ	いそいだや（いそいだら）はんとけた
もじょか	かわいい	孫はどの子ももじょかもんじゃ（かわいいものだ）
やじょろしか	うるさい	うちの子は、いちいち小さいことまでやじょろしか
せからしか	うるさい	とないからカラオケがきこえてせからしか
びんた	頭	あそこん子は勉強ができて、びんたがよか
ぎな	やせっぽち	うちの息子は、ぎなじゃっで力がなか

◆鹿児島市（宮路貞孝）

好きな言葉・おもしろい言葉	共通語では（または意味を）	使われ方は
（ひとのお話を聞きながら）ンだも、そげなこっおさいじゃしたとな	まあ、そんなことでいらっしゃいましたか（感嘆しながら聞く）	
そら、よしゅごわしたなぁ	良かったですね	
そら、ちょっしももしたなぁ	いけませんでしたね	

私の好きなふるさと言葉

◆薩摩郡入来町 (迫田邦子)

好きな言葉・おもしろい言葉	共通語では（または意味を）	使われ方は
おまんさあ	お前様(あなた様)	目上の人への敬語。おまんさあお元気じゃいやしたか(貴女はお元気でしたか)
おさいじゃいもんせ	おいでくださいました	目上の人への敬語。おさいじゃいもした。(良くおいでくださいました)
ずんばい	いっぱい	柿がずんばいなってる。
風呂がいたか	熱い	今夜は風呂がいたかー (熱い)
いっぺこっぺ	あっちこっち	いっぺこっぺされもしたや、すったいだれもした（いっぱい歩きまわったらすっかりつかれました）
まじなっど	邪魔になるよ	はよどかんか、まじなっど(早くどいてよ邪魔になるよ)
ぎを言うな	へ理屈を言うな	ぎを言わんじ、はよせんか(へ理屈を言わないで早くしないか)
きばれ	がんばれ	きばりやんせ(がんばりなさいよ)

各地の日常会話

共通語の話し手　A．しばらくぶりで旧友を訪ねた（女性）
　　　　　　　　B．Aの友人（女性）
　　　　　　　　C．Bの夫

A．おめでとうございます。随分しばらくですが、皆さんおかわりありませんか。
B．まあ、本当にしばらくですね。おかげさまで家族全員げんきですよ。貴方のほうは、どうですか。
A．ええ、何とか全員元気にしています。
C．よくおいでになりましたね。そんなところで立ち話をいつまでもしないで、部屋へ上がればよいですよ。
B．狭いところで何もおかまい出来ませんが、どうぞお上がり下さいよ。
A．それでは、ちょっと失礼します。どうぞ気を使わないで下さいね。
C．たしか、お宅は3人家族でしたね、今も共働きですか。とても忙しいでしょう。
A．ええ、2人とも働いてますから。男の子が3年前に生まれて、にぎやかになりました。
B．町と違って、家で作った正月料理ですから見栄えがしませんが、どうぞお食べ下さい。
A．いただきます。うちの実家は、母が1人で作りますからお正月と言ってもたいした物がありませんよ。お宅は大家族ですからいろいろな物をたくさん作っていますね。とてもおいしそうだわ。遠慮なくいただきます。
C．どうぞ、どうぞ。家内の手料理ですから味は分かりませんよ。
　（笑い）
B．あなたが、田舎を離れてから20何年にもなるのでかなり村の様子も変わったでしょう。
A．それはもう、考えようもないほどだわ。昔の藁葺きの家などどこにもないし、若い人や子供もあまり見かけないのに驚くわ。
C．今では農業も機械化で休みの日にやるだけでほとんど済んでしまう。農業は大型化して跡継ぎが減ってしまったから工場やスーパーへ働きに行っているよ。うちなどは珍しいのです。
A．あら、すっかり長居してしまいました。ご馳走様。

1．青森県

◆南津軽郡田舎館村（鈴木喜代春）

A．おめでとごす。ずんぶ、しばらくであったども、みんな、かわりねごすが？

B．まんず、ほんとね、しばらぐでした。おかげでうちでだきゃみんな、げんきです。あんだのほうは、どんでしたべ。

A．あい、なんとがして、みんなげんきでいした。

C．よぐきてけだねし。そしたどごさたつてはなしこしてねで、へやさはいればえごすべ。

B．せ̇め̇、どこで、なも、おじゃできねばてどんぞあがってけろ。

A．それだば、ちょっこらどあがひらでもらうべが。どんぞ気ばつかわねでけろ。

C．たしか、おめだでは、3人家族でしたべ。いまのともかせぎすべが。てっぺいそがしいだべな。

A．そんだ、2人でかせいでいるがら。男わらし3年めえねうまれで、にぎやかねなりした。

B．町どちがって、え（家）でこひだ正月りょうりだばで、みぱはえぐねども、どうか、くってけろ。

A．そんだば、いただきます。おらのうまれだえだきゃおが（母）1人でこひでるはで、正月でも、てえしたものだきゃ、こひられねだ。おめだのえ（家）だきゃ、大家族だばで、さまざまなもの、いっぺえつくって、どれもこれもみんな、め。えんりょしねで、いただくはで。

C．どんぞどんぞ。カガのこひだりょうりだばで、あじこ、えが、わりが、わがらねど。ははは。

B．あんだ、ここがら出はてから20年にもなるはで、村のようすも、かわってまったべし。

A．それだきゃ、もうかんがえられねほど、だよ。むがしのわらやねのえこだきゃ、どごねも、ねし。わげふとや、わらわども、あまり見かげねで、びっくらしてらだ。

C．いまだきゃ、田しごとも、機械こでやるはで休みの日ね、やってそれだいだいおわってまるだ。したはで、工場だの、スーパーだのさ、はだらぐねいってみだ。おらのえ（家）でだきゃ、はたらぐに、いってないのでめずらしいほうだ。

A．すっかど、ながいしてしまったねし。ごちそうさまでした。

2．宮城県

◆名取市（斉藤春雄）

A．おめでとうござります。すばらぐぶりだごど、みんなかわりねがったすか。

B．んまぁ、ほんとにすばらぐぶりだごど、おかげさんでこっつは皆げんちだっちゃ。そっつはだうしゃ。

A．んだねぇ、みんな元気にすてるよ。

C．ようぐちたねぇ。そんなどこでくっちゃべってねぇで上さ上がらい。

B．せめぇどごで、なぁんにもかまわんねぇげども、んまぁー上がっさい。

A．んでは、ちょっこら失礼しすっから。ち（気）いつかわなぇでけさいねぇ。

C．たすか、そっつは3人家族だったちゃねぇ。今も共かせぎすか。忙すいすぺ。

A．んだぁー2人すてかしいでっからねぇ。やろっ子が3年前に生まれだもんだがら、やがますぐなってっしゃ。

B．まず（町）どつがって、おいらでつぐ（作）った正月料理だから見栄えわるいげっとも、喰ってけさい。

A．しっかくだからいただぐが。おらいのずっか（実家）は、かあ

ちゃんしとり（1人）でつぐ（作）っから，正月だけどてぇーすたものねえんだっちゃ。二っつのうず（家）では，大家族だからいろんなものいっぺつぐ（作）っぺげんとも。んまあーうまそうだごど。遠慮なぐごっつぉなります。
C．まんず、まんず。おらいのやづのつぐ（作）ったもんだから味なんかどうだがわがんねよ。
B．あんだがこっつがら行ってがら20何年ぬもなっからこのへんもずいぶん変わったすぺ。
A．んだあーぶったまげだぁ。むがす（昔）のかやぶぢのうず（家）なんてどごさもねえす、わげしと（若い人）や、わらす子もいねえのには、たまげたねえ。
C．今ではしゃくしょ（百姓）もちかい（機械）で休みんとじやればおわっからっしゃ。こうば（工場）やスーパーさかせぎさ行ってんのっしゃ。おらいなんかめずらすいすぺ。
A．あらま、どっぷり居ずいてすまってぇ。んまんず、んまんず、ごっつぉなりすた。

3．山形県

◆**上山市**（山口　允）

A．おめでとうさんです。ずいぶんすばらぐだたなす。皆かわりないがっす。
B．まあー、ほんとにすばらぐだたなす。おかげさまで皆げんきだす。おだぐのほうは、どうだっす。
A．はー、なじょか、みな元気にしておりあんす。
C．よぐござたなっす。そだなどごで、たずばなす（立ち話）もなんだがら部屋さあがてけらっしゃい。
B．せまっこいどこで、なーんもかまわんないけど、どうがあがてけらっしゃい。

A．そんだば、ちょっこらすずれい（失礼）すんべす。まんも気ばつかわねでけらっしゃい。
C．たすか、おだく（お宅）は3人家族であたなす？えま（今）でも共稼ぎだったがす？ずいぶん、えそがすえ（忙しい）べす。
A．ああ、2人ともはかせいで(稼いで)おりあんす。ガギが3年前に生まっで、にぎやがになりあんした。
B．まず（町）どつがって、うじ（家）でこさえだ（作った）正月料理だがら、見栄えわれげんと、どうが食べでけらっしゃい。
A．ごっつおうなるす。うずのじっか（実家）は、おふぐろ（母）が1人でつぐるので、しょうがず（正月）といってもたいしたものはないんだっす。おだぐは大勢だがらえろえろなものえっぱい(沢山)つくっからなっす。とっても、んまそうだす。遠慮せんで、ごっつおうなります。
C．どぞー、どぞー、あがってけらっしゃい。かかあがつぐった料理だがらあず（味）はわがんなえげんと。（笑い）
B．おだぐが、里ば離れでがら20年もたずから、ずいぶんと村の様子もかわったべす。
A．ふだなす、ずいぶんかわってすまって、かんがえようがないなっす。むがす（昔）あった藁葺きのうち（家）などどこにもなえす、若い衆や子供もあんまりみえなぐて、たまげて（驚く）すまった。
C．えま（今）は百姓も機械化で休みの日にやるだげで、ほどんどおわってすまって、こうば（工場）やスーパーさ稼ぎにいってすまってる。うちなどはめずらすえ方だっす。
A．あー、すっかり、ながえごどじゃますてすまって。ごっつおうなりますた。

◆最上郡真室川町（黒坂征子）

A．おとうさん、随分、ひさしぶりだなや、皆な代わりねえが。
B．んだなや、本当え久しぶりだな、おかげさんで家族全部まめだ。あんたのほは、どげだや。
A．んん、何とか皆な元気だ。
C．よぐ来たな、ほげなところで立ち話をいづまでしてねで、へやさ上がれば。
B．しぇめえどごで、なんもおかまえも出来ねえけんど、まずあがれや。
A．そんじゃ、ちこっとな。なんにも気つかわねえでけろな。
C．たしか、あんたんどこ３人家族だったな。今も共働きだなが、忙しいべ。
A．んだ、２人ども働いてっからな。男の子が３年前に生まれて、にぎやかになってな。
B．町とちがって、えで作った正月料理だもんで見ばえしねが、食べてけろ。
A．いただきます。うちの実家はかあちゃんが１人で作っからお正月といつても、てえしたものねえんだ。お宅は、でえ家族なんでいろんな物、いっぺえー作ってるね。えんりょなくいただくな。
C．どうぞ、どうぞかねえ（家内）の手料理なんで口にあうかどうか。
B．あんたが．田舎、離れてから20年もたつんで、かなり村の様子も変わったべ。
A．んだな、考えようもねえほどだな。昔のわらぶきの家など、どこさもねえし、若え人やわらしだちもあんまり見かげねえんでたまげてる。
C．今では農業も機械化で休みの日やるだけで、ほとんど終わってしまう。んだがら工場やスーパーへ働きにいってんなよ、おれんどこなど、珍しべ。
A．あら、すっかり長居してしまて。ごっつぉさんでした。

4．新潟県

◆長岡市千手町（中山禎子）

A．おめでとごぜいます。だいぶ逢わんかったろも皆さんかわりありなさんねかの？
B．わぁ、ほーんにしばらくらのう。おかげさまで家族みーんな元気らて。あんたの方は、どうらの？
A．うん、何とかみーんな元気にしてるいね。
C．よう来なしたのう。そんげんどこで立ち話なんいつまでもしてねで、部屋へ上がればいいろ。
B．せーまいとこで、なんもおかめえ出来ねろも、早や上がってくんなせえて。
A．そうせばちっと失礼するかの。気い使わんでくんなせえね。
C．たしか、おめさんちは3人家族らったいのう。まら共働きらかね。こって忙しいろうの？
A．はぁ、2人とも働いてますっけにの。男ン子が三年前に生まいて、にぎやかんなりましたてぇ。
B．町とちごて、家でこしょた正月料理らんだんが見栄えがしねろも、食べてくんなせえや。
A．いただきます。うちん実家は母が1人で作りますっけにお正月らってたいしたもんがねえいの。お宅は大家族らんだんが、いろいろんもんいっぺことこしょたのう。こってうんまげらねえ。遠慮なしにいただくいの。
C．どうぞ、どうぞ、家内の手料理らんだん味は分からねいの。
B．あんたが、ざいご離いて20何年にもなるんだぁ、かなり村の様子ま変わったろ？
A．そらは早え考えらんねぇぐらぇらね。昔のわらぶきの家なん、どこにもねぇし、くぁーけぇもんも子供もあんまり見かけねぇがに

たまげるて。
C．今らと農業も機械化で休みの日にやるらけでほとんど済んでしもうすけ、工場やスーパーへ働きに行ってるが。うちなん珍しいがぁよ。ああ、すっかり長居したしもたて。ごっつぉーさま。

5．山梨県

◆北都留郡上野原（堂本幸子）

A．おめでとうさんでございます。でえぶしばらくですが、皆さんかわりありませんかよう。
B．あれまあ、本当にしばらくですよね。おかげさまでよう家族全員げんきですよ。おめえさまの方は、どうですか。
A．ええ、何とか全員元気にしていますよう。
C．よくまあーおいでになりましたね。そんねとこで立ち話をよういつまでもしねえで、部屋へ上がらっしゃれ。（上がってくだせいよー）
B．せめいところで、あんにも、おかめい出来ませんけどよう、上がってくだせいよー。
A．そんじゃぁ、ちょっとばかし、おじゃまします。どうぞ気をば使わねいで下せいよ。
　……
B．町とよう違って、家で作った正月のごっそうだからみべいがよう、よくねえですけどよう、上がらっしゃれよう。
　……
A．あらまあ、でえぶ長居しちまったです。ごっそう様でした。

◆東山梨郡勝沼町（金丸美佐保）

A．おめでとうごいす。随分の久し振りでごいすね。皆な変わりはねえけ。

B．ふんとうにしばらくでごいすね。皆元気でごいすよ。おまんの方はどうかね。

A．何とかみんなたっしゃでいやす。

C．よくきやしたね。そんなとこで立ち話もなんでごいす。上におあがりなって。

B．狭いところだけれど何もおかまいしゃせんが、どうぞおよりなって。

A．それじゃあ、ちょっとごめんなって。どうぞ気を使わんでおくれね。

C．たしかお宅は3人家族だったよね、今も共働きかね。とても忙しいでごいしょう。

A．ええ、2人とも働いているだよ。坊が3年前に生まれてにぎやかでございますよ。

B．町と違って、家で作った正月料理でごいすから、見栄えがしゃせんが、どうぞおわんなって。

A．よばれます。うちの実家は、お母さんが1人で作りやすから正月と言ってもたいした物がありゃせんよ。お宅は大家族ですからいろんな物をたくさん作っていやすね。とてもうまそうだね。遠慮なくいただきやす。

C．どうぞどうぞ。うちの手料理だから、味は分からんよ。

B．おまんが、田舎を離れてから20年にもなるからかなり村の様子も変わったでごいしょう。

A．それはもう、考えようもないはほどでごいす。昔のわらぶきの家などどこにもねえし、若いもんや、ぼこもあまり見かけんしねえ。

C．今では農業も機械化で休みの日にやるでけで、ほとんど済んでほうじゃん。農業は大型化して跡継ぎが減ってしまったから工場やスーパーへ働きに行っていやすよ。うちなどは珍しいでほうね。

A．あら、すっかり長居をしてほぃやした。おごっそさんでした。

6. 静岡県

◆天竜市熊 (橋本百合子)

B．本当にやっとかぶりだね。おかげさんで家（うち）の衆（しゅう）は皆まめだけど、おんしらの方はどうだ。
　……
C．よく来たね。そんな所で立ち話もなんだから部屋へ上がればいいずら。
B．何もおかまいできゃあせんが、どうぞ上がっとくなさい。
　……
C．おんしらの所は家族３人だったか、今でも２人で働いているのか？
　……
B．町場と違って家で作った正月料理だから見栄えはせんが食べてください。
C．どうぞ、かあちゃんの手料理だから味はわからんよ。
　……

7. 愛知県

◆名古屋市 (相馬和代)

A．おめでとうございます。やっとかぶりですが皆さんお達者でしたか。
B．まあ、本当にやっとかぶりですなあ。おかげさんで、家族みんな元気ですよ、おまえさんの方はどうですか。
A．ええ、何とかみんな元気にやっとります。
C．ようきてちょうたなあ。そんなところで立ってないで、部屋へ上がってちょうだい。
B．狭いところで、何もおかまえ出来ませんが、どうぞ上がってください。
A．それでは、ちょっと失礼します。どうぞ気い使わんでください。

C．たしか、お宅んとこは、3人家族だったんね。今も共働きしてりゃあすか？とても忙しいんでしょう。
A．ええ、2人とも働いていますから、男の子が3年前に生まれたんで、にぎやかになりました。
B．町と違って、家で作った正月料理ですから見栄えはせえせんが、どうぞたべてちょう。
A．いただきます。うちの実家は、母が1人で作るんでお正月と言っても、たあした物がありませんよ。お宅んとこは大家族ですからいろんな物をぎょうさん作ってますね。とてもおいしそうだわ。遠慮なくいただきます。
C．どうぞ、どうぞ、家内の手料理ですから味は分かりゃあせんよ。
B．あんたが、田舎を離れてから20何年にもなるので、かなり村の様子も変わっとるでしょう。
A．それはもう、考えようもないほどだわ。昔のかやぶきの家などどこにもないし、若い人や子供もあんまり見かけんのに驚くわ。
C．今では農業も機械化で休みの日にやるだけで、ほとんど済んじゃうから工場やスーパーへ働きに行っているよ。うちなんか珍しいのです。
A．あら、すっかり長居しちゃいました。。御馳走様。

8．福井県

◆**勝山市**（遠藤加代子）

A．おめでとうさんでござんす。しばらくぶりやのぅ、皆さんお変わりないんやろうか。
B．あら、本当にしばらくやのぅ。おかげ様でぇ家族全員元気でおりんますんや。あんたの方はどうすぃの。
A．そうや、何とか全員元気でおりますんや。
C．よう来てくんさったのう、そんなとこで立ち話をいつまでもして

ねぇで、部屋へ上がればええがの。
B．狭いとこでぇ、なんもおかまい出来んのやけどぉ、どうぞ上がってちょうだいの。
A．それじゃ、ちょっと失礼しますぅ。どうぞぉ気を使わんといや。
C．たしか、お宅は3人家族やったの、今も共働きけぇ、えらい忙しいやろう。
A．そうや2人共働いておるので、男の子が3年前に生まれて、にぎやかになったんやわの。
B．町とちごうてぇ、うちで作った正月料理やさけぇ見栄えせんけどぉどうか食べてちょうだいの。
A．ちょうだいします。うちの実家は母が1人で作るさけぇの。お正月と言っても、たいしたもんはないけどの。お宅は大家族やさけぇ、いろんな物をたくさんつくるんやろうの。とってもおいしそうやの。遠慮のういただくわ。
C．どうぞ、どうぞ。うらの嫁さんの手料理やさけぇ、味はわからんけどの。
B．あんたが田舎をはなれてからぁ、20何年にもなるでの。えれぇ、村の様子も変わったやろう。
A．そやのう、考えられんほどやわ。昔のかや葺きの家なんか、どこにもねぇし、若ぇ人や子供らもあんまり見かけられんので驚いたわ。
C．今は農業も機械化されての、休みの日やるだけでぇ、ほとんど済んでまうんやでぇ、工場やスーパーへ働きに行ってるんや、うちなんか珍しい方やで。
A．あらぁ、すっかり長居してもうたの、ご馳走になったの。

9．京都府

◆京都市油橋詰町（吉井　好）
A．おめでとうさんどす。長い事おうてなけど、皆さんお変わりのう、

お達者どすか。
B．まあ、ほんまに、しばらくどすなあ。おかげさんで家のもんはみんな達者どす。あんたはんとこは、どないどすか。
A．はあ、何とかみんな達者どす。
C．よう来てくれはりましたなあ。そんなとこで立ち話ばっかりしてんと、家に上がっておくれやすな。むさ苦しいとこで、なんもおかまいでけへんけど、どうぞ、お上がりやしておくれやす。
A．そやったら、ちょっとごめんやっしゃ。どうぞ気い使わんといておくれやす。
C．たしか、おうちは３人家族さんどしたなあ。今も、ともかせぎしたはりますか。お忙しおっしゃろ。
A．はあ、そうどす。ともかせぎしてますねん。息子が３年前にでけましたんで、にぎやかどすわ。
B．町とちごうて、うちでつくったおせちでっさかい、よう見えまへんけど、どうぞ召し上がっておくれやす。
A．いただきます。うちのさとは、母が１人で作ってまっさかい。お正月言うても、たいしたもんおへんけど、おうちは大勢さんおいでやっさかい、いろんなもん、ぎょうさん作ってはりますなあ。とってもおいしそうやわあ。遠慮のういただきます。
C．どうぞ、どうぞ。家内の手料理でっさかい、味はどうかわからしまへんでー。
B．あんたはんが、田舎を出はってから、20何年もたってるさかい、村の様子も変わりましたやろう。
A．そらもう、考えられへんくらいやわ。昔の藁葺きの家なんか、どこにもあらへんし、若いもんや子供はんらも、ちょっと見いひんから、驚いたわあ。
C．今は農業も機械でするし、お休みの日だけでできてしまうし、農業は大型化してしもうて、あととりがへってしもうたから工場や

らスーパーへ働きに、行ったはるよ。うちらは珍しいほうやわ。
A. あら、すっかり長居してしもうた。ごっつぉさんどした。

10. 和歌山県

◆有須町 (長崎康男)

A. おめでとうございます。ずい分ひさしぶりだけど、みんなかわりあれへんか？
B. まーほんまやね。おかげさんでみんなげんきよ。あんたは、どうなの？
A. えー、なんとかげんきよ。
C. よーきてくれたね。そんなところでたってないで上へあがってよ。
B. せもーて、なんもおかまいできんけど、どうぞあがって。
A. そんじゃ、ちょっとだけ、おじゃまするわ。何もきーつかわんでね。
C. たしか、あんたんちは３人家族だったよね、今でも共働きなん？いそがしいやろー。
A. えー、２人とも働いてるよって。男の子が３年前に生まれたんよにぎやかになったよ。
B. 町のとちごうて、家で作った正月料理やよって、みば、悪いけど食べて。
A. いただきます。うちは母さんが１人で作るんで正月といってもたいしたもんないけど、お宅は大家族やよって、いろんな物ぎょーさん作っておいしそうやね。えんりょのーいただくわ。
C. どうぞ、どうぞ。家内の手料理やよって、味は分からへんよ。
B. あんたがいなかを出て、20年にもなるんやよって、この辺もずー分変わったやろ？
A. そりゃーもう、考えられん位や、昔のわらぶきの家もどこにもないし、若い人や子供もあんまり見かけんね、びっくりやわ。
C. 今では農家も機械化して休みの日にやるだけで、すんでしまうん

よ。だから工場やスーパー働きにゆく人がほとんどだよ。うちなんかめずらしい方よ。
A．あら、すっかり長居してしもうたわ。ごちそうさん。

11．岡山県

◆御津郡野谷（津島　薫）

A．おめでとうございます。ぼっけえしばらくじゃが、皆さんかわりゃあ、ありんさらんかの。
B．まぁ、本てえにしばらくじゃがなぁ。おかげさんで、家族全員元気にしょうるんよ。あんた方は、どねえしょうてかな。
A．ええ、何とか全員元気にしょうるんよ。
C．ようきんさったなぁ。そねえな所でいつまで立ち話しゅうるんなら、部屋へあがりゃあええがな。
B．狭いところで、なんもおかまいできゃあせんけど、どうぞ上がってちょうでえ。
A．それじゃ、ちょっと失礼します。かまわんどいてえな。
C．たしか、お宅は3人家族じゃったかなぁ、今も共稼ぎしょうるんかな。ぼっけえ忙しかろうがナ。
A．ええ、2人ともはたらきょるから。男の子が3年前に生まれて賑やかに成ったが。
B．町と違うて、家で作った正月料理じゃけえ、見栄えはわりいけど、食べてちょうでえ。
A．頂きます。家の実家は母が1人でつくりょうるからお正月ゆうてもてえしたものは、ありゃあせんのんよ。お宅は大家族じゃからいろいろぎょうさん作ってあるなあ。ぼっけえ美味しそうじゃなぁ。遠慮せえで頂きます。
C．どうぞどうぞ。家内の手料理じゃから、あじゃぁ分からんけえど。
　　(笑い)

B．あんたが、田舎を離れてから20何年にもなるので、でえぶ村の様子も変わったでしょうなぁ。
A．そりゃあもう、えろうぼっけえなぁ。昔の藁葺きの家はありゃせんし、わけえもんや子供もおりゃぁせんが。
C．今では農業も機械化で休みの日にやるだけで、ほとんどすみょうるから農業は大型化して後継ぎが減ってしもうたから工場やスーパーへ働きにいきょうるんよ。うちなどは珍しいんよ。
A．あら、すっかり長居してしもうたわ。御馳走様。

12．広島県

◆甲奴郡甲奴町本郷（道々コスマ）

A．おめでとうございます。ひどうとおーからお（会）うとりませんが、みなさんまめでおっつでしたきゃーの。
B．まあ、ほんまにしばらくぶりじゃねー。おかげ様でうちのもんはみなまめですごしょーりますが、あんたさんの方はどがな具合ですきゃーの。
A．え、まあ何とかみんなまめでやっとります。
C．よう来てくれんさったのー。まあ、そがな所で立ち話をいつまでもするのもなんですけえ、部屋へ上がりんさりゃーええが。
B．せまあ所で、何のえがをもありませんが、どうぞあがっておくれんさい。
A．それじゃーちょっと失礼しますけえ。どうぞ気をつかわんようにしておくれんさいよー。
C．たしかお宅は3人ぐらしでしたよのー、今も共働きですきゃーの。せわじゅうていけんでしょう。
A．ええ、2人とも働いとりますけえーの。男の子が3年前に生まれたんでにぎやかになっとりますがの。
B．町のようにゃあのうて、家で作った正月料理ですけえ、見栄えが

せんのじゃが、どうぞおあがりください。
A．ちょうだいします。うちの方じゃ母が1人で作りますけえ、お正月言うてもたいしたもなあ、ないんでさあ。お宅あ、大人数じゃけえ色んな物をぎょーさん作っとってんですのー。とてもおいしそーじゃね。きがねせんとちょうだいします。
C．どうぞ、どうぞ。家内の手料理ですけえ、味のほうはわかりませんど。
B．あなたが田舎をはなれてから、もうかれこれ20何年にもなりますけえ、村の様子もひどう変わったでしょうが。
A．そりゃあもう、考えようもないほどじゃけえ、昔あった藁葺きのいやーどこにもなーし、若い人や子どももあんまり見かけんようになっとってたまげまさあ。
C．今じゃあ百姓も機械化で休みの日にやるだけで、おおかたすんでしまいまさあ。へえじゃけえ工場やスーパーに行って働くんでさあ。うちのようなは珍しいでさあ。
A．あら、すっかり長居してしもうたのー。ごっつぉーさんでした。

13. 山口県

◆**山口市**（中島玲子）

A．おめでとうござえます。久しゅうござえます。みんなお元気でありますか。
B．お久しゅうござえます。おかげさまでみんな元気です。そっちの方はどうですか。
A．ええ、みんな元気にしちょうります。
C．ようおいでなさいました。そんなところで長話せんで、はよう上がって下さいませ。
B．せまえところですが、はようあがって下さいませ。
A．それじゃー失礼しまーす。おかまいなん。

C．3人家族で共働きじゃ忙しゅありましょう。
A．はあ、2人働いておりますので、男の子が3年前に生まれてからにぎやかになりました。
B．田舎料理なので、お口に会うかわかりませんか、食べてみてくださいませ。
A．頂だいします。実家の母が1人で作るので、たいしたものはないのですが、こちらは大家族なので楽しそうですねえ。遠慮なし頂だいします。
C．家内の手料理ですが、どうぞ食べてみてくださいませ。
B．ふるさとを離れて20何年になれば、村も変わったでしょう。
A．びっくりするわ。昔のワラ葺きの家などもないし、若い人や子供もあんまりみないし。
C．今では農業も機械化されて休みの日だけですんでしまうので、みんな働きに行っているわ。うちなどは珍しいのよ。
A．まあ、長うお邪魔あいもうて。ごちそうになりました。

14. 熊本県

◆**上益城郡嘉島町**（山田美枝子）

A．おめでとうございます。えりゃしばらくですが、皆さんかわりにゃあですか。
B．まあ、ほんにしばらくで。おかげさまで家族全員げんきですばい。あたがいは、どぎゃんですか。
A．ええ、何とか全員元気ですばい。
C．よう来なはったなあ。そぎゃんとこつで立ち話をいつまつでんせんで、部屋へ上がってはいよ。
B．狭いとこつで何もおかまい出来んばってん、どうぞ上がんなっせ。
A．そんなら、ちょっと失礼します。どうぞ気を使わんではいよ。
C．たしか、お宅は3人家族だったなあ、今も共働きですか。たい

ぎゃぁ忙しかでっしゅ。
A．ええ、2人とも働いとりますけん。男の子が3年前に生まれて、せからしゅうなったですばい。
B．町と違って、家で作った正月料理だけん見栄えがほっせんが、どうぞ食べち下さい。
A．いただきます。うちの実家は母が1人で作らすけん、お正月と言ってもたいした物がああまっせんばい。お宅は大家族だけんいろいろな物をいっぱあ作んなはりますね。たいぎゃりまかごたる。遠慮なくいただきます。
C．どうぞ、どうぞ。家内の手料理ですけん味は分からんですばい。
B．ああたが、田舎を離れてかる20何年もなるばってん、たいぎゃ村ん様子も変わったでっしゅ。
A．そらあもう、考えようもなかですばい。昔の藁葺きん家なんか、どこもなかし、若きゃ人や子供もあんま見らんけん、びっくりするばい。
C．今は農業も機械化で休みん日にするだけで、ほとんど済んでしまう農業は大型化して跡継ぎん減ってしもうただけん、工場やスーパーへ働きにいきよらすたい。うちなどは珍しかっですたい。
A．あら、たいぎゃ長居してしもうた。御馳走様。

◆**熊本市**（黒木淳子）
A．おめっとうございます。たいぎゃ、会っとらんばってん皆さん変わりはなかですか。
B．ほんなこつ、しばらくぶりたいね。おかげで家族全員元気よ。あんた（貴方）のほうは、どぎゃんですか。
A．ええ、何とか皆な元気にしとります。
C．よう来なはったね。そぎゃんとこで、立ち話ばいつまっでん、しとらんで部屋に上がれば良かたい。

B．狭かとこで何ンもおかまい、ばってんが、どうぞ上がってはいよ。
A．そんなら、ちょつと失礼バします。どうぞ気バ使わんではいよ。
C．たしか、お宅は3人家族だったですね、今も共働きですか。たいぎゃ、忙しかでっしゅ。
A．ええ、2人とも働いてるけんね。男ン子が3年前に生まれチから、せからしゅうなりました。
B．町ン中と違うて、家で作った正月料理ですけん、見栄えがしまっせん、ばってん。どうぞ食べてはいよ。
A．いただきます。うちン実家は、母が1人で作りますけん、お正月と言うてもたいした物がありまっせんよ。お宅は大家族ですけん、いろんな物バいっぱい作っとんなはってですね。たいぎゃ、うまかっごっあんね。遠慮せんでいただきます。
C．どうぞ、どうぞ。うちんやつ（家内）の手料理ですけん、味はどきゃんか、分かりまっせんよ。
B．あんたが、田舎ば離れチから20年も経つけん、たいぎゃ、村ン中も変わっとっとでしょ。
A．そりゃもう、考えもつかんこつよ。むかしん（昔の）茅葺き家なんかどこにもなかし、若い人や子供もあんまり見かけんけん、びっくり、しとっとよ。
C．今では百姓も機械でやりよるけん休みン日にガマだすだけだ。農業は太うなって、跡継ぎがおらんようになっとるけん工場やスーパーに働きに行っとるよ。うちは珍しかほうですたい。
A．わあ、こぎゃん時間になってしもうた。ご馳走さま。

> 参 考

日本語のルーツをたずねるために

　このテーマを考えるには、日本民族（日本人）のルーツをも併せて考えねばならないでしょう。民（部）族と言葉とは一体だからそれを切り離すわけにはまいりません。
　この日本列島に人が住みつき、言葉でコミュニケーションを図るようになったのは、かなりの古代にさかのぼります。
　大陸や周辺の島々からこの列島に移ってきた人々には、2通りの理由があったでしょう。1つは漂流民、もう1つは新しい土地をもとめてやって来た移民です。漂流民は古くから列島に住みついていたでしょうが、移民はそう古くはないと思われます。さらに時代が新しくなると、宗教の布教者や貿易商・職人・芸能者なども渡ってきますから、まさしく日本列島は、民族の坩堝と言えます。
　しかも漂流民は、あてもないさすらいの人々ですから個々か少数の集団です。移民は、目的意識を持ったある程度の集団で、リーダーなども存在していたはずです。
　どこからやって来たかと言えば、北方（モンゴル・満州・北方地域）と、西方（朝鮮・中国）、南方（台湾・中国南部・東南アジア地域）の各地ですから使われる言葉も多種多様であったはずです。
　日本神話では、天から降りてきた神が中心で日本民族が形成されたことになっていますが、実際にはいろいろな民族が融合して今の日本民族が存在するのです。しったがって、純血ではなく混血の民族なのです。
　使う言葉もいろいろな民族の言葉が融合されているはずなので、日本語のルーツは単純な形では決められないでしょう。
　国語学者の大野晋先生は、『日本語の起源』（岩波新書）などで、かなり突っ込んだ起源論を提示しているので概略を紹介させていただきます。

第1次（縄文早期　紀元前8000年頃）
　ヤム芋を主食とし、子音がかんたんで、母音で終わる音韻の言葉を使っていた。

第2次（縄文晩期）
　インド南部をルーツとするタミル語を使う民族が渡来した。（雑穀栽培

と機織・武器と工具をつくる金属の文化をもたらす。)
第3次(弥生前期　紀元前約300年頃)
　タミル語を話す種族が、インド南部から直接(または、南方の島々、中国や朝鮮半島を経て)渡来、国家を形成し、稲作を本格化させた。
　以上、いくつかの言語の複合と融合によって、古代日本語は出来上がったが、それは文字を持たなかった。
第4次(漢字導入以後)
　古代日本語に中国より入って来た文字と漢語が加わり、現在の日本語の素地が成立した。

　なお、大野先生の構想は、かなり壮大・綿密なので、興味のある方は著書に当たっていただきたい。
　東日本の地名には、かなり意味の不明なものがあります。これはおそらくアイヌ語系ではないかと筆者は考えます。もっとも中央語(奈良周辺)が、その地の訛りによって難解になっているものもあるでしょうが、ヤマトタケルの東征伝説から考えると、当時の東日本にはアイヌ系の人達がかなり多く住んでいたと思います。梅原猛氏の説の古代日本語にはアイヌ語が反映しているという説もかなり妥当ではないでしょうか。

参考

日本語の音韻

『古代国語の音韻に就いて・国語音韻の変遷』橋本進吉著(岩波文庫)に学ぶ
第1期(奈良期)
　この時代には、平がな・カタカナが、まだ存在しなかったので、中国から伝わった漢字(万葉仮名)を用いていた。この時代には、「い」音は、「いi」と「ゐ　yi」に分かれて発音されていた。(「えe」と「ゑye」や、「おo」と「をwo」も同様である。)
　なお、「き・ぎ・け・げ・こ・ご・そ・ぞ・と・ど・の・ひ・び・へ・べ・み・め・よ・ろ」音などにも2通りの発音があった。したがって、87音の多数であった。

なお、言葉の頭には、ラ行の音や濁音は用いられなかった。（漢語などの外来語は特例。）

第2期（平安初期～室町末期）
1．奈良期の2通りの発音のほとんどが現代と共通の1通りになった。（「え e・ye」と「ひ→ふぃ・へ・→ふぇ」を除く）
2．言葉の頭以外の「は・ひ・ふ・へ・ほ」の音が「わ・ゐ・う・ゑ・を」と混同されるようになった。（子音F行→W行）
3．「ゐ・ゑ・を」音が「い・え・お」と同音になった。
　　このような変化は、唇の働きが退化したためである。
　　なお、以下で44音になったが、現在でも九州や東北地方では「え e」を「ゑ ye」と発音する所がある。
4．マ音の前の「う u」は「む m」音になった。「梅・馬・生まる・うばら」などであるが、この m 音は、現代の「ん n」音と同一のものである。
5．音便と言われる音の変化が生まれた。主として、イ・ウ段の種々の音が「イ・ウ・ン」または促音（小さく書くッ）になる。
6．中国語の鼻音「m・n・ng」や「p・t・k」で終わる音が入ってきて、徐々に変化し日本語の音韻に加わった。（m→n・ng →u・i、p→フ・k→ク・キ　t→チ・ツ）
7．中国語の拗音「キャ・キュ・キョ・クワ・クィ・クェ・グワ・グィ・グェ」が、日本語の音韻に加わった。
8．中国語の「パ・ピ・プ・ペ・ポ」が、日本語の音韻に加わった。
　　以上の他にも触れられているが、煩瑣になるので割愛する。

第3期（江戸初期～」
1．「ぢ dji・づ　dzu」と「じ ji・ず zu」の混同。ただし、九州・土佐方言には残っている。
2．唇を合わせるファ f 行音「ファ fa・フィ fi・フゥ fu・フォ fo」が、唇を動かさないハ h 行音「ハ ha・ヒ hi・フ fu・ヘ he・ホ ho」となる。
　　ただし、辺境の地の方言には残っている。
3．「クワ kwa・グワ gwa」は、唇を動かさない「カ ka・ガ ga」となる。
　　ただし、方言としては残っている。
4．室町時代「セ se・ゼ ze」は、京都語では、「she・je」であったが、関東方言では、すでに「せ・ぜ」であった。なお、方言では今も残っている。

5．関東は、京都よりも早く音韻の変化が見られ、鼻音のガ行音やヒ音のシ音化は享保年間に存在する。

　このほかにも述べられているが詳しくは触れないので、さらに知りたい方は、橋本先生の書をお読みいただきたい。

昔話「雨蛙はなぜ鳴くか」
―日本各地の語り口―

雨蛙はなぜ鳴くか

　昔、昔のことだが、あるところにそれはそれはへそ曲がりな雨蛙がいたそうだ。
　ある日のこと、仲良しの赤蛙と道ばたで遊んでいると、馬の走ってくるひづめの音が聞こえて来た。
　「おい、あぶないぞ。早く逃げないと馬のやつにけとばされてしまうよ」
赤蛙が大声で叫んだそうだ。
　「なあに、馬など何でもないぞ。おれは、逃げないから君は逃げればよいだろう」
雨蛙は、胸を張ってこう言った。
　「ふん、このへそ曲がりがよう。それなら勝ってにしなよ」
赤蛙は、そういうと道ばたの草むらの中へぴょんと飛び込んで隠れたそうだ。
　そこへ裸馬が、ダッダッダッと走って来たからへそ曲がりの雨蛙は、ひづめにかけられて遠くの方へはね飛ばされてしまった。
　赤蛙が心配して草むらから出て行くと、雨蛙は目を回して伸びていたそうだ。
「だから、おれが言ったではないかよ」
「なあに、おれはなんともないぞ」
「それでは、けとばされたときにゲェローって、今にも死にそうな声を出したのは、なぜ、だよ」
「ああ、あれはな、馬のやつがおれを踏みつけそうになったから気をつけろうって、注意したのだぞ」「それでは、あのとき目玉をグルグリッてさせたのは、どうしてだよ」
「ああ、あれはな、コノヤローッて、馬のやつをにらみつけてやったのだぞ」
「それでは、もう一つ聞くよ。あのとき足をツクウンッて伸ばして、あおむけに伸びていたのは、なぜだよ」
「ああ、あれはな、馬のやつをエイ、コラーッて、けとばしてやったのだぞ」
　雨蛙の負け惜しみには、赤蛙もあきれてしまって、ゲロゲロッて笑ってしまったそうだ。
　ところで、へそ曲がりの雨蛙のお母さんは、亡くなる前に枕元に呼んで、こう頼んだそうだ。
「あなたに聞いてもらいたい最後の頼みがある。それは、わたしの墓を必ず川のほとりの低いところに造ってもらいたい」
　お母さんは、へそ曲がりの子蛙のことだから、こう言えばきっと小高い丘の上に墓を造ると考えたそうだ。
　子蛙は、考えた。「いつも親の言うことを聞かず心配ばかりかけて来た。最後の頼みぐらいはその通りにしよう」
　それで、お母さん蛙の言う通りに墓は小川のほとりの低いところに造ったそうだ。
　だが、困ったことに雨が降るたびに「墓がながされないか」と心配でたまらない。
　それで、雨蛙は雨が降るたびに「どうか、お母さんの墓を流さないで下さい」と、天の神様にお願いして「コロコロ、ケロケロ、クルクル」と鳴くのだそうだ。

1．青森県

◆南津軽郡田舎館村（鈴木喜代春）

　むかしむかし、あったど。あるとごろね、いっぺえいっぺえへそのまがった雨蛙(もっけ)がいであったど。
　ある日ねな、なかのええ赤蛙(もっけ)とけどばたで、あそんでいだけぁ、馬(ま)コがはっけでくるおどコきけできたど。
　「おいあぶねど。はやぐにげねば馬(ま)コね、けとばされで、まるどー。」
　赤蛙(もっけ)が、おおごえで、さがんだど。
　「なんだば、馬コだきゃなんてもねじゃよ。おらだきゃ、にげねはで、おめ、にげればええべよ」
　雨蛙(もっけ)は、むねばはって、こうしゃべったど。
　「ふんこのへそまがりこのー。それだばかってねひ」
　赤蛙(もっけ)は、そうしゃべって、けどばだの草わらのなかさ、ぴょんと、とびこんで、かぐえだど。
　そごさ、はだが馬っコ、ダッダッダッとはけできたはで、へそまがりの雨蛙(もっけ)だきゃ、馬コのひづめね、かげらえでとおぐのほうさ、はねとばされでまったど。
　赤蛙(もっけ)がしんぺえして、草むらがら、出てきたきゃ雨蛙(もっけ)だきゃ、目ばまわして、のびでいだど。
　「だから、おらしゃべったべよ」
　「なによ、おらはなんともねえぞ」
　「それだば、けとばされだどき、ケェローッていますぐどね、死ぬよんた声は出したぐ、どうしてだよ。」
　「ああーあれだきゃ、馬コのやろう、おらはふみつけるどごしたはで、気いつけろって、注意ばしただよ」
　「それだば、あのとぎ、目の玉グルグリッどまわしていだごと、どうしてだばよ」

「ああ、あれだきゃ、コノヤローッて馬のやつば、にらみつけでやったゞよ」、「それだば、もう一つきくばて、あのとぎよ、足ばツクウンッて、のばして、あおむげに、のびでいだぐなしてだよ」
「ああ、あれだきゃ馬のやつば、コラーッてけとばして、やったのだじゃ」
雨蛙のまけおしみね、赤蛙もあぎれでまて、ゲロゲロッて、笑ってしまったど。
ところで、へそまがりの雨蛙のお母さまは死ぬめえね、雨蛙は、まくらもとさよばて、こうたのんだんだと。
「雨蛙よおめね、きいてもらいてえ最後のたのみコある。それは、おらの墓コば、必ず、川のそばのひくいところさ、つくってもらいてえのだ」
おお母は、へそまがりの子蛙だはで、こうしゃべればきっと高いとごろさ、つくってけると、考えただど。
子蛙は考えだど。
「いつも親のいうことをきかねで苦労ばり、かげできたはで、さいごのたのみくれえは、そのとおりにして、やるべえ」と。
そんで、お母のいうとおりね、はがば小川のそばの、ひくいところさつくったど。
したきゃ、こまったことね、雨がふるたびね、「はがコが流されねべがー」て心配になってまったど。
それで、雨蛙は、雨がふるたびね、「どうかお母のはがが流されねでけろ」と天の神様さ、お願いして「コロコロ、ケロケロ、クルクル」となぐだと。とっちぱれ。

2．宮城県

◆**名取市**（斉藤春雄）

　むがーす、むがーす、あるどこさ、そんれはそんれは根性曲がりのゲロビッチがいだんだど。

　あるし（日）のごど、仲のいいアガビッチど道ばだで遊んでっと、馬っこ走ってくるしづめの音（おどろ）聞こえでちたど。

　「こらぁ、あぶねど。早ぐ逃げねど馬っ子にけっとばされっと」

　アガビッチが大ちな声でさわいだど。

　「なぬ、馬っこなど何でもねえべ。おら逃げねがらおめ、逃げればいいべ」

　ゲロビッチはいばりくさって、こいなぐ言ったど。

　「んなぬ、このこんじょ曲がりやろ。そいなんなら好じ勝ってにすればいがすぺ」

　アガビッチは、ほいなぐ言うど、道ばだの草の中さぴょうんと飛んで隠れだど。

　そごさ裸馬っこ、ダッダッダッと走ってちたもんだがらこんじょ曲がりのビッチのやろ、しづめさしっかがってあっつさ飛ばさってすまっだど。アガビッチが心配すて草ながら出っと、ゲロビッチは、めだま回すてじょいいっとなっていだど。

　「んだがら、おれ言ったべ」

　「んなむ、おれなんでもねえべ」

　「んで、けっとばさったどじ、ゲェローッて、死にぱぐった声だすったの何でたべぇ」

　「ああ、あれなぁ、馬っこのやろ、おれば踏みつけっとですったがら、気つけろって言ってやったんだ」

　「んで、あんとじ目玉グルグルさせったの、なんでや」

　「ああ、あれなぁ、コノヤローッて、馬っこのやろば、ぬらみつけっ

たんだっちゃ」
　「んだば、もう一つ聞くべ。あんどじ、足ばじょいいってのばすて、腹上さむげったのなんでや」
　「ああ、あれな、馬っ子ば、エイ、コラーッてけっとばすてやったんだべ」
　ゲロビッチの負げ惜すみは、アガビッチもあじれげってすまって、ゲロゲロッて笑ってすまったと。
　ところでまず、こんじょ曲がりのゲロビッチのかあちゃんは、死ぬ前に枕元さ呼んでこう頼だど。
　「あんだに、聞いでもらいで最後の頼みごどある。おれのお墓ば必ず川っぺだの低いどごさ造ってけろ」
　かあちゃんは、こんじょ曲がりのビッチっ子のごとだが、ほいなぐ言えばちっと高どこさお墓造っと思ったど。
　ビッチっ子は、考えだど。
　「いづも親の言うごど聞かねえで心配ばりかげでぢた。最後の頼みごどぐれほいなぐすっぺ」
　そんで、かあちゃんビッチの言うとおり、お墓ば川っぺだの低いどごさ造ったど。
　んだけど、困ったごどに雨降るたんびに「お墓流されんでねえが」って心配でたまんでがったど。
　んだから、ゲロビッチは雨降るたんびに「どうが、かあちゃんのお墓流さんねえようにしてけろ」って空の神様さお願えすて「コロコロ、ゲロゲロ、グルグル」って鳴ぐんだど。

3．山形県

◆上山市（山口　允）

　むがす、むがす（昔々）、あるとこさ、それはたえへんへそが曲がったあまのじゃくの青ビッキがおったどさ。

　あるどき、ながのええあが（赤）ビッキとみずばた（道端）で遊んでいっど、んま（馬）が、はすってくるあすおど（足音）が聞こえて来たど。

　「おいおい、あぶねいぞ！早ぐ逃げねど、んま（馬）にけとばされんぞ。」

　あがビッキが、おっけな声で叫んだど。

　「なに、んま（馬）などおっかなぐなえ。おれ、逃げねがら、おまえだげ逃げればええ。」

　青ビッキは、胸張っていったど。

　「フン！このあまのじゃぐやろうが。お前なんか勝手にすろ。」

　赤ビッキは、急いでみずばだ（道端）の草むらさピョコンと飛び跳ねで、隠れですまったど。

　すっど、はだがんま（裸馬）が、ドサドサどはすってきて、あまんじゃぐの青ビッキは、んまの爪で引かけられで、遠くの方まで蹴っとばされだど。

　赤ビッキがすんぱい（心配）して、草むらがらで出ってみっど、青ビッキは目ばまわすて、伸びでいだどさ。

　「んだから、俺がいったべ。」

　「なに！おれはなんでもなえよ。」

　「んだげど、けっとばされだどきゲェローッて、死んだような声ば出すたべ。なんでだ？」

　「ああ、あれだば、んまのやずが、おれば踏んずげそうになったがら、気をつけろ！って注意すてやったんだ。」

「んでも、あん時、めん玉グルグルまわしてだのは、なんでだ？」
「ああ、あれだば、コノヤローッて、んま（馬）のやろうをにらみつけでやたんだ。」
「んだらば、もう一づ聞くべ。あんどき、あす（足）ばビクビクさせてあおむげに伸びでだのは、なんでだ？」
「ああ、あれだば、んま（馬）のやろうをエイ、コラーッて、けとばしてやたんだ。」

青ビッキの負け惜すみの強いのに、赤ビッキはあぎれですまって、ゲロゲロッて笑ってすまったどさ。とくろで、あまんじゃぐ（へそ曲がり）の青ビッキのおっかさんが、死ぬ前に、枕元さ呼んで、こう頼んだど。

「お前に聞いでもらいだい、最後の頼みがある。それだば、おれの墓ば、川の側の低いどころさ造ってけろ。」

おっかさんは、あまのじゃくの子供だから、必ず反対のこどをすから、こう言っておけば、きっと山の上さお墓ば造ってくれるど考えだど。

青ビッキの子供は考えだど。

「えつでも親の言うごどを聞かねで、すんぱい（心配）ばっかりかげできた。最後の頼みだばそのとおりにすてやんべ。」

それで、おっかさんの言うとおり、お墓の川の側の低いとこさ造ったんだど。

んだげど、困ったごどに、雨が降るたんび、「お墓が水でながされないが」どすんぱい（心配）でたまんながったど。

そんで、青ビッキは雨が降るたんび「どうが、おっかさんのお墓を流さねでけらっしゃい。」と、天の神様さおねがいすて、「コロコロ、ケロケロ、クルクル」と鳴くんだど。

※ このお話に似た「テテッポッポ」の話が私の郷里山形にあり、子供の頃、祖母によく聴かされたものです。主人公は「山鳩＝きじば

と」で「アマノジャク」で親の言うことの反対の事をする子供であった。お墓のくだりが同じで、雨が降る空模様になると「親が流れるテデッポーポー」と鳴くという。山鳩の鳴き声がそのように聞こえます。

◆**最上郡鮭川村**（黒坂征子）
　昔、昔のことだけんども、あるところさ、それはそれは、てえへん、むんずくれた雨げえるがいたけど。
　あるひのごど、ながええ赤げえると道っぱだで遊んでっと、馬が走ってくるひずめの音が聞こえてきたんだと。
　「おえ、あぶねえぞ。早く逃げねど馬こさ、けとばされてしまうぞ」
　赤げえるが大きな声で叫んだそうだ。
　「なあに、馬っこなど何でもねえ。わいは逃げねえがら、にしゃ、逃げればいいべ」
　雨げえるは胸はってそういったど
　「ふん、このむんずくれがよ、なら勝手にしろ。」
　赤げえるは、ほげゆうど、道ばたのやぶんなかへ、ぴょこんと飛び込んでかくれたそうだ。
　そこへ、裸馬がダッダッダッと走ってきたもんだから、むんずぐれの雨げえるは、ひづめにひっかけられて遠くさ、ふっとばされてしまった。
　赤げえるが、心ぺえして草むらからとび出してみっど、雨げえるは、めんたま、まわして伸びてた。
　「んだがら、おらがいったでねえがよ」
　「なにや、おら、なんともねえぞ」
　「んだげんど、けとばされだどぎゲェローッて今にも死にそうな声、出したなあ、なしてだ」
　「あゝ、あれはな、馬のやろうが、おらをふんづけそうになったから、

気つけろて注意したんだぞ」
　「んだら、あんどぎ目玉をグルグリッてさせたなあ、なしてだ」
　「あゝ、ありゃな、コンヤローッて、馬のやろをにらみつけてやったんだべ」
　「んじゃ、もう一つ聞くげんど、あんどき足をツクウンッて伸ばして、あおむげに伸びたなあ、なしてだ」
　「あゝ、ありゃな、う馬のやろをエイ、コラーッてけとばしてやったんだ」
　雨げえるの負け惜しみにゃ、赤げえるもあぎれてしまって、ゲロゲロッて笑ってしまったど。
　ところで、むんずぐれの雨げえるのかあちゃんは、死ぬ前に枕元へ呼んで、こう頼んだそうだ。
　「にしゃに聞いてもらええ最後の頼みがある。そりゃな、おれの墓を必ず川ぺりの低いどごしゃ造ってもらえてんだ」
　かあちゃんは、むんずぐれの子げえるのこったがら、こうえば、きっと小高え丘の上さ墓さ造ってくれるべと考えたそうだ。
　子げえるは考えた。
　「いっつも親のいうごどさきかず、心ぺえばかりかけてきた。さえごの頼みぐれえは、きがねばな……」
　そんで、かあちゃんげえるの言う通りさ、墓を小川のふちの低いところさ造ったそうだ。
　だが、困ったこどにゃ、雨が降るたんび「墓が流されてしまうんじゃねえか」と心ぺえでたまらねえ。そんで、雨げえるは雨が降るたんび「どうか、かあちゃんの墓を流さねえでくれ」と天の神様におねげして「コロコロ、ケロケロ、クルクル」と鳴んだどさ。

4．茨城県

◆久慈郡大子町（栗田律恵）

　むかーし、とおーいとこ（遠い所）のこったが、とおーってもへそ曲がりな雨蛙がいたそうだ。

　ある日のこと、仲良い赤蛙と道っぱたで遊んでいっと。馬めが駆けてくるパカッパカッていう音が聞こえて来たんだって。

　「おい、あぶねぇぞ。早く逃けねぇど馬めにけっとばされっちゃうぞ」って赤蛙が大声でよばったそうだ。

　「なあに、馬めなんど何でもねいぞ。おれは、逃げねえから、おめえは逃げたらよかっぺ」

　と雨蛙は、ふんぞり返（けえ）ってこう言（ゆ）った。

　「ふん、このへそ曲がり！そんなら勝手にしたらよかっぺ。」

　赤蛙は、そういうと道っぱたの藪ん中へぴょんと飛び込んで隠れたんだって。

　そこへ裸馬めが、ダッダッダッと駆けて来たから、へそ曲がりの雨蛙は、馬めに蹴っ飛ばされて遠くの方へはね飛ばされちゃった。

　赤蛙が心配（しんぺい）してやぶん中から出ていくと、雨蛙は目回（めーまー）して伸びていたそうだ。

　「そんだから、おれが言ったっぺよ」

　「なあに、おらあなんともねぇぞ」

　「そんだらば、蹴っとばされたときにゲェローッて、今にも死にそうな声を、なんで出したんだよ」

　「ああ、あれはな、馬めがおれを踏んづけそうになったから、気（きー）つけろうって、注意したんだっぺさ」

　「そんだらば、あんとき目玉をグルグリッてやったのは、なんでだよ！」

　「ああ、あれはな、コノヤローッて、馬めをにらめてやったんだぞ」

「そんだら、あと一つ聞くけんど、あんとき足をツクウンッて伸ばして、あおむけに伸びてたんは、なんでだよ」

「ああ、あれはな、馬めを、エイッ、コラーッて蹴とばしてやったんだぞ。」

雨蛙の負け惜しみには、赤蛙もあきれっちゃって、ゲロゲロッて笑っちゃったそうだ。

ところで、へそ曲がりの雨蛙の母ちゃんは、死ぬ前に枕元さ呼ばって、こう頼んだそうだ。

「おめえに聞いてもらえていことがあんだ。それは、おらの墓を必ず川っぷちの低い所さ造ってくれろ。」

母ちゃんは、へそ曲がりの子蛙のこったから、こう言えばきっと少し高い所さ墓を造るべえ、と考え(かんげ)たそうだ。

子蛙は考えた。

「いつも親の言うことを聞かねえで心配(しんぺい)ばかりかけて来たんだから、最後の頼みぐれいは、その通りにすっぺ。」

そんで、母ちゃん蛙の言う通りに、お墓は小川の近えとこの低いとこさ造ったっちゅうこった。そんだが、あんべえが悪いのは、雨が降るたびに「墓が流されめえか」と気に病んでばかりいた。

そんで、雨蛙は雨が降ってくっと、いつも「どうか母ちゃんの墓を流さねいでくれろ。」と天の神様さお願(ねげ)えして「コロコロ、ケロケロ、クルクル」って鳴くんだそうだ。

5．新潟県

◆**長岡市**（中山禎子）

雨蛙はなして鳴くか

昔、昔のことらろも、あるところに、こってことへそ曲がりん雨蛙がいたがっつぁ。

ある日んこと、仲良しん赤蛙と道ばたであそんでると馬が飛んでく

るひづめん音が聞こえてきたがぁ。
「おい、危ねえろ。早や逃げねと馬ん奴に蹴っとばさいるろ！」
赤蛙がでっけえ声で叫んだがっつあ。
「なぁん、馬なん何でもねえいや。おら逃げねすけ、おめ逃げればいいねっか」
雨蛙は胸はってこうゆうたて。
「ふん、このへそ曲がりが。そうせば勝手にしれや」
赤蛙はそうゆうと、道ばたの草むらん中へぴょーんと飛びこんで隠れたがっつぁ。
そこへ裸馬がダッダッダッと飛んできた。んだんへそ曲がりん雨蛙は、ひづめにかけらいて、遠くん方いはねとばさいてしもた。
赤蛙が心配して草むらから出て行ぐと、雨蛙は目え回して伸びてたがっつぁ
「だーすけ、おれがゆうたねっかいや」
「なぁん、おら何ともねえが」
「そうせば、けっとばさいた時に、ゲェローッて今にも死にそな声だしたが、あはなしてんがいや」
「あゝ、あれはや、馬ん奴がおれを踏んづけそうになった。んだん気いつけれ！って注意したがぁよ」
「そうせば、あんとき目玉、グルグルッとさせたがは、なしてんがら」
「あゝ、あれはや、コノヤローッて馬ん奴にらみつけてくいた（くれた）がいや」
「そうせば、も一つ聞くれや、あんとき足ツクウンッと伸ばして、あおむけに伸びてたがぁは、なしてんがいや」
「あゝ、あれはや、馬ん奴をエイ、コラーッて、けっ飛ばしてやったがらこて」
雨蛙ん負け惜しみには赤蛙も呆れてしもて、ゲロゲロッとわろてしもたっつあ。

ところで、へそ曲がりん雨蛙の母ちゃんは亡くなる前に、枕元い呼んで、こう頼んだがっつぁ。
　「おめさんに聞いてもれえてえ最後ん頼みがあるがぁ。それは、おれの墓を必ず川のほとりん低いとこにこしょてもれえてえが。」
　かあちゃんは、へそ曲がりん子蛙のことらんだん、こう言えば、きっと小高い丘の上に墓をきしゃうと考えたげんが。（考えたらしいのだ）
　子蛙は思たて。
　「いっつも親の言うこと聞かねで、心配ばっかかけて来た。最後のたのみぐれえ、その通りにしよいや」
　そいらんだん、母ちゃん蛙の言う通りに墓は小川のほとりん、ひっくいとこにこしょたがっつぁ。だぁろも、困ったことに雨が降るたんびに「墓が流さんねろか」と気が気でねぇ。
　だぁすげ、雨蛙は雨が降るたんびに「どうか母ちゃんの墓を流さんでくんなせえの」と天の神様にお願いして「コロコロ、ケロケロ、クルクル」と鳴くがらそうらよ。

6．山梨県

◆北都留郡上野原町（堂本幸子）

　昔、昔のことだがよう、あるところによう、そりゃあそりゃあ、へそ曲がりな雨げえるがいたそうだ。
　ある日のこと、なけいい赤げえると道ばたで遊んでえると、馬の走ってくるひづめの音がよう聞けえて来た。
　「おい、あぶねえぞ。早く逃げねえと馬のやっけにとばされるぞ」
　赤げえるが大声で叫んだそうだ。
　「なあに、馬なんか何んでもねえぞ。おれは、逃げねえからおめえは逃げりゃあいいじゃんか」
　雨げえるは、胸を張ってこう言った。
　「ふん、このへそ曲がりめ。そんなら勝手にしろ」

昔話「雨蛙はなぜ鳴くか」

　赤げえるは、そういうと道ばたの草むらの中へぴょうんと、とび込んで隠れたそうだ。
　そこへ裸馬が、ダッダッダッと走って来たからへそ曲がりの雨げえるは、ひづめにひっかけられて遠くの方へはねとばされてしまった。
　赤げえるが心ぺいして草むらから出ていくと、雨げえるは目を回してようのびていたそうだ。
「だから、おれがよう言ったではねえかよ」
「なあに、おれはなんともねえぞ」
「それじゃぁーよ、けっとばされたときにゲェローッて、今にもよう、死にそうな声をでえしたのは、あんでだよう」
「ああ、ありゃな、馬のやつがおれを踏みつけそうになったから気をつけろうって、注意したあだぞ」
「そんじゃあ、あんときめん玉をグルグリッてさせたのは、あんでだよ」
「ああ、ありゃな、コノヤローッて、馬のやつをにらみつけてやったのだぞ」
「そんじゃあ、もう一つ聞くよ。あんとき足をばツクウンッて伸ばして、おおむけに伸びていたのは、あんでだよ」
「ああ、ありゃあな、馬のやつをエイ、コラーッて、けっとばしてやったんだぞ」
　雨げえるの負け惜しみには赤げえるもあきれてしまって、ゲロゲロッて笑ってしまったそうだ。
　ところで、へそ曲がりの雨げえるのおっかさんは、亡くなる前に枕元に呼んで、こう頼んだそうだ。
「おめえさんに聞いてもらいてい最後の頼みがある。そりゃあな、わしの墓を必ず川のよう、まわりの低いところをば造ってもらいてい」
　おっかさんは、へそ曲がりの子蛙のことだから、こう言えばきっと小高い丘の上に墓をば造ると考えたそうだ。
　子げえるはかんげえた。

「いつも親の言うことを聞かず心ぺいべいかけて来た。最後の頼みぐれいはその通りにしべえ」

それでおっかさんげえるの言う通りに墓は小川のほとりの低いところに造ったそうだ。

だんが、こめったことに雨さふるたびに「墓が流されねえか」と心配でたまらねえ。

それで雨げえるは雨がふるたんびに、「どうか、おっかさんの墓をながさねえで下さい」と天の神様にお願えして「コロコロ、ケロケロ、クルクル」と鳴くんだそうだ。

7．福井県

◆勝山市（遠藤加代子）

昔、昔のことやけどぉ、ある所にものすごうへそ曲がりな雨蛙がいたんやって。

ある日のことやけどのー、仲のいいー赤蛙とぉ道端で遊んでおったんやと。そしたらぁ馬の走って来るひづめの音が聞こえてたんやと。

「おい、あぶないがさ。早う逃げんとお、馬にけられてしまうがの」

赤蛙が、おおけな声で叫んだんやと。

「なあも馬なんかぁ何ともないんやぁ。うら、はあ逃げんからぁ、おめえは逃げればいいんやろがして」

雨蛙はあ、胸を張ってぇこう言うたんやと。

「ふん、このへそ曲がりがよう、勝手にしくんさい」

赤蛙は、そういうたらぁ、道端の草ん中へぴょうんと飛び込んで隠れてしもうたんやと。

そこへぇ裸馬がぁダッダッダッと走って来たもんやさけえ、へそ曲がりの雨蛙は、ひづめにひっかけられて遠くの方へぇはね飛ばされてしもうたんやて。

赤蛙が心配しての、草むらから出て行くとの、雨蛙はぁ目え回して

伸びていたんやとの。
「そやから、うらが言うたやないか」
「なんも、うらはあ、なんたもないんや」
「ほんならぁ、けっとばされた時にゲェローッて、今にも死んでまうみたいな声を出したのはなんでや」
「あゝ、あれはさ、馬のやつがうらを踏んでしまいそうになったからぁ気いつけえって注意したんや」
「それじゃ、あんとき目ん玉をグルグリッてさせたんは、どうしてや」
「ああ、あれはさ、コノヤローッて、馬のやつをにらみつけてやったんやぁ」
「ほんじゃ、もう一つ聞くがな、あんとき足をツクウンッて伸ばして、あおむけに伸びしてしもうたんは、なんでや」
「ああ、あれはさ、馬のやつをエイ、コラーッてけっとばしてやんたんやぁ」

雨蛙の負け惜しみにはあ、赤蛙もあきれてしもうて、ゲロゲロッて笑うてしもうたんやと。

ところで、へそ曲がりの雨蛙のお母さんは、亡くなる前に枕元に呼んでこんなふうに頼んだんやって。

「あんたはんに聞いてもらいたい最後の頼みがあるんやけどの、それはぁ、わての墓を必ず川のほとりの低い所にぃ造ってもらいたいんやけどの」

お母さんは、へそ曲がりの子蛙のことやから、こんな風に言うと、きっと小高い丘の上に墓を造るんやないかと考えたそうや。

子蛙は考えたんや。

「いつも親の言うことを聞かんで心配ばっかりかけて来たでぇ、最後の頼みぐらいはその通りにしょうかの」

そんで、お母さん蛙の言うた通りに墓は小川のほとりの低いぃ所に造ったんや。

そやけど、困ったことに雨が降るたんびに「墓が流れてしまうんやないやろうか」と心配でたまらんのや。
　そんで、雨蛙は雨が降るたんびに、「どうぞ、お母さんの墓を流さんで下さい」と天の神様にお願いして「コロコロ、ケロケロ、クルクル」と鳴くんやそうやて。

8．京都府

◆**京都市**（吉井　好）

　昔、昔のことどすけど、あるとこにそらそらへそまがりの雨蛙がいたんやそうどす。
　ある日のこと、仲のええ赤蛙と道のはたで遊んでたら、馬の走ってくるひづめの音が聞こえてきましたんどす。
　「おい、あぶないさかい。早う逃げなぁ馬のやつにけとばされてしまうがなぁ」
　赤蛙が大きな声で、叫んだそうどす。
　「なんや、馬なんかどうちゅうこともあらへんがな。おれは逃げへんさかい。おまえは逃げたらええがな」
　雨蛙は胸を張ってそう言うたんどす。
　「ふん、このへそ曲がりがなんやぁ、それやったら、勝手にしたらええがなぁ」
　赤蛙は、そういうて道ばたの草むらの中へぴょーんと、かくれてしもうたそうどす。
　そこへ裸馬がダッダッダッと走って来たさかい、へそ曲がりの雨蛙はひずめにひっかけられて、遠いとこへはね飛ばされてしもうたんや。
　赤蛙が心配して草むらから出て行ったら、雨蛙は目を回して伸びてたそうどす。
　「そやし、おれが言うたやんか」
　「なんやてぇ、おれはどうちゅことあらへんがなぁ」

昔話「雨蛙はなぜ鳴くか」

「そやったら、けとばされたときなぁゲェローッて今にも死にそうなこえぇ出してたんはなんでやなぁ」
「ああ、あれはなぁ、馬のやつがおれを踏みつけそうやったさかい、気いつけんかいって注意したんやがな」
「そやったら、あのとき目玉をグリグリッてさせてたんはぁ、なんでやったんやなぁ」
「ああ、あれはなぁ、コノヤローッて、馬のやつを、にらみつけてやったんやでぇ」
「そやったら、もう一つ聞くけどなぁ。あの時足をツクウンッて伸ばして、あおむけに伸びてたんは、なんでやねん」
「ああ、あれはなぁ、馬のやつをエイ、コラーッて、けとばしたったんやでェ」
　雨蛙の負け惜しみにゃなぁ、赤蛙もあきれてしもうて、ゲロゲロッて笑うてしもたんやそうどす。
　ところで、へそ曲がりの雨蛙のお母はんは亡うなる前に、枕元に呼んで、こう頼まはったそうや。
「あんたに聞いほしい最後の頼みが、ありますのんや。それはなぁ、わての墓を必ず、川のそばの低いとこに造ってほしおすのやわぁ」
　お母はんは、へそ曲がりの子蛙のことやし、こう言うたらきっと小高い丘の上に墓を造ってくれますやろなぁと考えはったそうどす。
　子蛙は考えたんやそうどす。
「いつかて、親の言わはる事を聞かんと、心配ばっかりかけて来たんやし、最後の頼みぐらいは、その通りにしときまひょ」
　そやし、お母はん蛙の言わはったとおりに墓は小川のそばの低いとこに造ったんやそうどす。そやけど、困ったことに雨が降るたんびに「墓が流されへんか」と心配でたまりまへん。
　そやし、雨蛙は雨が降るたんびに「どうか、お母はんの墓を流さん

95

といておくれやす」と天の神様にたのんで「コロコロ、ケロケロ、クルクル」と鳴くのやそうどす。

9．岡山県

◆**御津郡野谷**（津島　薫）

　むけえし、むけえしのことじゃがな、あるところにそりゃあ、そりゃあへそ曲がりな雨蛙がおったんじゃてえ。

　ある日のこと、仲のええ赤蛙と道端であそびょうたらな、馬の走ってくるひづめの音が聞こえてきたんじゃが。

　「おい、あぶねえぞ。はようにげにゃあ馬のやつにけとばされてしまうが」

　赤蛙が大声でおらんだそうじゃ。

　「なんじゃあ、馬なぞへっともねえわ。俺は、にげんからおめえは、にげりゃあええが」

　雨蛙はむにょうを張ってこうゆうたんじゃてえ。

　「ふん、この臍曲がりめ。そんならかってにせえ」

　赤蛙は、そうゆうたら道端の草叢のなかえぴょうんと飛び込んで隠れたんじゃてえ。

　そけえ裸馬が、ダッダッダッと走ってきょうたからへそ曲がりな雨蛙は、ひづめに引っ掛けられて、遠きい方へはねとばされてしもうたんじゃてえ。

　赤蛙がしんぺえして草叢から出ていったら、雨蛙は目えまわして伸びてしもうとったて。

　「だから、おれが言うたじゃねえか」

　「なんじゃあねえ、おれはへっちゃらじゃあ」

　「そんなら、蹴っ飛ばされたときゲローッて、今にもしにょうるような声をしょうたんは、どうしてじゃあ」

　「ああ、ありゃあな、馬のやつが、俺をふみんそうになったから気

いつけえって、注意したんじゃあ」
「そんなら、あん時目玉をグルグリッさせたのは、どうしてじゃ」
「ああ、ありゃあな、コノヤローッて、馬の奴をにらみつきょうたんじゃ」
「そんなら、もうひとつ聞くけどな、あんとき足をツクウンッてのべえて、仰向けにのびょうたんはどうしたんじゃ」
「ああ、ありゃあな、馬の奴をエイ、コラーッてけとばしてやったんじゃ」
　雨蛙の負け惜しみにゃあ、赤蛙もあきれてしもうて、ゲロゲロッて、わろうてしもうたそうじゃ。
　ところで、へそ曲がりの雨蛙のお母さんは、しねる前に枕元に呼んで、こうたのんだんじゃてえ。
「あんたにきいてもれぇてぇ最後の頼みがあるんじゃ。私の墓を必ず川のそばのひきいところにつくってもらいてえんじゃ」
　お母さんは、へそ曲がりな子蛙のことじゃから、こういやぁ、きっとこだけえ丘の上に墓を造るじゃろうと考えたんじゃてえ。
　子蛙は考げえた。
「いつも親の言うことを聞かずしんぺえばっかしかけてきた。最後の頼みぐれえはその通りにしよう」
　そいで、お母さん蛙の言うたように墓は小川のそばのひきいところに造ったそうな。
　じゃが、困ったことに雨が降たんびに、「墓が流さりゃあせんか」としんぺえでしょうがねえ。そいで、雨蛙は雨が降るたんびに「どうか、お母さんの墓を流さんでちょおでぇ」と天の神様におねげえして「コロコロ、ケロケロ、クルクル」と鳴くんじゃそうな。

10. 広島県

◆甲奴郡甲奴町本郷（道々コスマ）

　昔昔の大昔、ずーっと昔のことじゃがのー、ひどうひどうへそ曲がりのあまぎゃーらー（雨蛙）がおったんじゃそーな。
　ある日のこと、仲のえ、あかぎゃーらー（赤蛙）と道ばたで遊んどったら、馬がかけって来るひづめの音が聞えて来たんじゃ。
　「おい、あぶなーぞ。早う逃げにゃあ馬のやつにけっとばされてしもうでー」
　あかぎゃーらー（赤蛙）が大きな声でおらんだそーな。
　「なあに馬なんかあー、へともないわー。わしゃー逃げたりはせんけえー、あんたあー逃げりゃえーがのー」
　あまぎゃーらー（雨蛙）は、むによーはってこう言うた。
　「ふん、この大へそ曲がりー。へえーじゃー好きなよーにせー」
　そう言うといてあかぎゃーらー（赤蛙）は道ばたの草ん中へピョンと飛びこんでかくれてしまうたんじゃ。
　そけぇ裸馬がダッダッダッとかけって来たんで、へそ曲がりのあまぎゃーらーは、ひづめにかけられて、遠くの方へはね飛ばされてしもうた。あかぎゃーらー（赤蛙）がしんぴゃー（心配）して草むらから出て行ってみると、あまぎゃーらーは、め（目）よー回して伸びとったそうな。
　「へえーじゃけえ、わがが言うたじゃろうが」
　「なあに、わしゃーなんともなーぞ」
　「へえーじゃー、けとばされたときにゲローッて今にも死にそうなこよー出したんは、どうしてにゃー」
　「ああ、あれはのー馬のやつがわしを踏みつけそうになったんで、気をつけえーと注意してやったんじゃわい」
　「へえ、じゃーあのとき目玉をグルグリッとさせたんは、どうした

んにゃあ」
　「ああ、ありゃーなー、コノヤローッて馬ーにらめつけてやったんじゃあー」
　「へえ、じゃーもう一つ聞くが、あの時足をピクンと伸ばしてあおむけに伸びとったんはどうしてにゃー」
　「ああ、ありゃーな、馬のやつーエイコラーッてけとばしてやったねえ」
　あまぎゃーらー（雨蛙）の負け惜しみにゃーあかぎゃーらー（赤蛙）もあきれてしまうーて、ケロケロッと笑うてしもうたそうじゃ。
　ところでへそ曲がりのあまぎゃーらー（雨蛙）のお母さんは死ぬる前に我が子を枕元に呼んで、こう頼んだんじゃそうな。
　「あんたに聞いてもらいたい最後の頼みがあるんじゃー。そりゃーのー、わしの墓ーどうしても川のほとりの低いー所（とこ）れー造ってもらいたいんじゃー」
　お母さんはへそ曲がりの子ぎゃーらー（蛙）のことじゃけえ、こう言やあー、きっと小高い丘の上に墓を造ると考えたんじゃそうな。
　子ぎゃーらー（蛙）らー考えた。
　「いつも親の言うことを聞かずにしんぴゃーばかりかけて来たんじゃけえ、最後の頼みぐりゃーは、言う通りにしちゃうろうよー」
　へえで、お母さんぎゃーらー（蛙）の言う通りに墓ー小川のほとりの低きいとこれー造ったんじゃ、と。
　じゃが困ったことに雨が降るたんびに「墓が流されやーせんか」としんぴゃーでたまらんへえじゃけえーあまぎゃーらー（雨蛙）ら雨が降るたんびに、「どうか、母さんの墓ー流さんで下しゃー」と天の神様におねぎゃーして「コロコロ、ケロケロ、クルクル」となくんじゃそうな。

11. 愛媛県

◆**西条市**（石田アイ子）

　昔々、あるところにすっごくへそ曲がりな雨蛙がおったんじゃそうな。

　ある日のこと、友達の赤蛙と道ばたで遊びよったら、馬の走ってくるひづめの音が聞えて来たんじゃがね。

　「おい、あぶないぞ。早く逃げんと馬のやつにけとばされてしまうぞ。」

　赤蛙が大声で叫んだんじゃがね。

　「なんで？馬なんか何んでもないがね。わしは逃げんけん、あんた、逃げんかい。」

　雨蛙は胸を張って、こう言うたんじゃがね。

　「ふん、このへそ曲がり。そがいな事を言うんならどうでも勝手にせんかい。」

　赤蛙は、そういうと道ばたの草むらの中へぴょうんと飛び込んで隠れたんじゃがね。

　そこへ裸馬がダッダッダッと走って来たんで、へそ曲がりの雨蛙はひづめにひっかけられて遠方へはね飛ばされてしもたんじゃがね。

　赤蛙が心配して草むらからもんてみると、雨蛙は目を回して伸びとったんじゃがね。

　「ほじゃけん、わしがゆうただろがね」

　「ほじゃけん、わしはどうもないがね」

　「そがいな事言うても、けとばされた時にゲェローッて、今にも死にそうな声でおらんだがね、どうしてなん？」

　「ああ、それはのーえー、馬のやつがわしを踏みそうになったけん気をつけんかいと注意したんじゃ」

　「ほんなら、あの時目玉をグルグリッとしたんは、どうしてなん？」

　「あんの、それは、コノヤローって馬のやつをにらんでだんじゃがね」

「ほんなら、もう一つ聞くけんど、あの時足をツクウンッと伸ばして、あおむけに伸びとったけんど、どうしてなん？」

「それはのーえー、馬のやつをエイ、コラーッとけとばしてやったんじゃがね」

そがいな負け惜しみを言う雨蛙に赤蛙もあきれて、ゲロゲロッて笑ってしまったんじゃがね。

ほんで、へそ曲がりの雨蛙のお母さんは、亡くなる前に枕元に呼んで、こう頼んだんじゃがね。

「あんたに聞いてほしい最後の頼みがあるんじゃ。それは、私の墓を必ず川のそばの低いところに造ってほしいんじゃ。」

お母さんは、へそ曲がりの子蛙のことじゃけん、こう言えばきっと小高い丘の上に墓を造ると考えたんじゃがね。

子蛙は考えた。

「いっつも親の言うことを聞かずに心配ばっかりかけて来た。ほじゃけん最後の頼みぐらいは、その通りにしょう。」

ほんで、お母さん蛙の言う通り、墓は小川のほとりの低いところに造ったんじゃがね。

ほじゃけんど、困ったことに、雨が降るたんびに「墓が流されるんじゃないか」と心配でたまらんのじゃがね。

ほんで雨蛙は雨が降るたんびに、「どうか、お母さんの墓を流さんように」と天の神様にお願いして「コロコロ、ケロケロ、クルクル」と鳴くんじゃがね。

12. 高知県

◆**高知市**（山脇映子）

とっと昔のことじゃが、あるところに、そりゃあまっこと、いごっそうの雨蛙がおったそうな。

ある日のこと、なかのえい赤蛙と道のふちで遊びよったら、馬の

走ってくるひづめの音が聞こえてきたじゃいか。
「おい、あぶないぞ、はよう逃げんと馬のやつにけっとばされてしまうぞ。」
赤蛙が大声でしゃけった。
「なんちゃあ、馬らあ怖うあるか。おらあ、逃げんき。おまん逃げたけりゃあ逃げや。」
雨蛙はえらそうに気張ってこう言うた。
「ふん、このいごっそうめが、ほんなら、勝手にせえ。」
赤蛙は、そういうと、道ぶちの草むらの中へぴょうんと跳びこうで、かくれたそうな。
そこへ、裸馬が、ダッダッダッと走ってきたきに、たまるもんか、いごっそうの雨蛙は、ひづめにかけられて、とっとむこうへはね飛ばされてしもうた。
赤蛙がしんぽうて草むらから出て行くと、雨蛙は目をまわいて伸びちょったそうな。
「ほらみよ、おらがいうちゃあらあ。」
「なんのおらなんともないぜよ。」
「そうかよ。ほんなら、けとばされたときにゲェローー言うて。はやも死にそうな声を出したがは、ありゃどういたがぜよ。」
「ああ、ありゃ馬のやつが、おらを踏みつけそうになったとき、気をつけえや言うて注意しちゃったがぞ。」
「ほんなら、あんとき目ん玉をグリグリさせたがは、どういてぜよ。」
「ああ、あれかよ。ありゃあ、コノヤロウーいうて、馬のやつをねめつけちゃったがよ。」
「ほんなら、もうひっとつ聞くけんど、あのとき足をえらいツクウン伸ばいて、天向けにひっくりかえっちゃったがは、どういたがぜよ。」
「ああ、ありゃあ、馬のやつをエイ、コラーッいうて蹴飛ばしちゃったがよ。」

まっこと、雨蛙のへりくつこねるにゃあ、赤蛙もあきれかえってゲロゲロ笑うてしもうたそうな。
　ところで、このいごっそうの雨蛙のおかやんは、のうなる前に子蛙を枕元に呼うで、こう頼んだそうな。
　「おまんに聞いてもらいたい最後の頼みがある。そりゃのう、あたしの墓を必ず川のねきの低いところへ造ってもらいたいということじゃ。」
　あかやんは、いごっそうの子蛙のことじゃき、こう言うちょいたらきっと小高い丘の上に墓を造ってくれると考えたわけよ。
　ところが子蛙は考えた。
　「いっつも親の言うことを聞かんずく心配ばっかりかけてきたき、最後の頼みばあは、その通りにしちゃろう。」
　それで、おかやん蛙の言うたとおりに墓は小川のねきの低いところへ造ったそうな。
　けんど、困ったことに雨が降るたんびに「墓が流されやせんろうか。」と心配でたまらん。
　それで、雨蛙は、雨がふるたんびに、「どうか、おかやんの墓を流さんとってつかさい。」と天の神さんにお願いしては、コロコロ、ケロケロ、クルクル、ケロケロ鳴きよるそうな。

13. 大分県

◆**湯布院町**（鶴岡起久生）
　わくどは　なし鳴くんか
　えれえ昔ん事っちゃけんど、ある所になあ、そりゃそりゃへそ曲がりなわくどがおったっち。
　ある日んこと、仲んいい赤わくどと道ん端で遊んじょったら、馬ん走っちくるひづめん音が聞こえち来たんや。
　「よい、あぶねえど。はよう逃げな、馬んやつにけとばさるうで」
　赤わくどが、でけえ声じおらんだんっち。

「なんかえ、馬なんかどけえでんねえわ。おりゃあ逃げんけん、わりは、逃げりゃいいやねえかえ」
　わくどは、いばっちこげえ言ったんや
「ふん、こんへそ曲がりが。そんなら勝手にすりゃいいわ」
　赤わくどは、そげえ言って道んはしの草ん中にぴょうんっち飛び込んで隠れたんっち。
　そきー、裸馬やつがダッダッダッチ走っち来たけん、へそ曲がりんわくどは、ひづめにひっかけられち遠くん方へけとばされてしもうた。
　赤わくどが、心配しち草ん中から出ち行くと、わくどは目ん回しち、伸びてしもうちょった。
「だげん、おれが言ったやねえかえ」
「しゃねえ、おれはどけえもねえわ」
「んじゃ、けとばされた時、ゲェローッち今にも死にそうな声出したんは、なしかえ」
「ああ、ありゃなあ、馬んやつがおれを踏みつぶしそうになったけん気つけんかっち、おしえちやったんや」
「んじゃ、あん時目んくり玉をグリグリッちさせたんは、なしかえ」
「ああ、ありゃなあ、コノヤローッち馬んやつをにらみつけちゃったんや」
「そんじゃ、もう一つ聞くで。あんとき足をツクウンうち伸ばしち、おおぬきに伸びちょったんは、なしかえ」
「ああ、ありゃなあ、馬んやつをエイ、コラーッち、けとばしちゃったんや」
　わくどの負け惜しみには、赤わくどもあきれかえっちしもうて、ゲロゲロッち笑っちしもうたっち。
　ところじ、へそ曲がりんわくどの母ちゃんは、死ぬる前に枕元に呼んじ、こうなん頼んだっち。
「わりに聞いちもらいてえ最後ん頼みがあるんじゃけど。そりゃ、わ

しん墓をぜぇったい川んそばのひきぃ所に造っちもらいてえんじゃ」
　母ちゃんは、へそ曲がりん子わくどんことじゃけんこうゆったらぜぇったいちぃーっと高え丘ん上に墓を造るっち思ったんち。
　子わくどは、考えたんや。
「いつも親ん言うこつ聞かんじ心配んじょうかけちょったけん最後ん頼みぐれえはそん通りんしちゃろう」
　そんじ、母ちゃんわくどのゆったごっ墓は川んそばのひきぃ所に造ったんち。そやけんど困ったこつに雨ん降るたんびに「墓が流されてしまわんか」っち心配でたまちんごとなったっち。
　そんじ、わくどは雨ん降るたんびに、「どげえか、母ちゃんの墓を流エじょくれ」と天の神様に願っち「コロコロ、ケロケロ、クルクル」っち鳴くようになったんっち。

14．熊本県

◆上益城郡嘉島町（山田美枝子）

　昔、昔のこつばってん、あるところにだいぎゃぁなへそ曲がりな雨蛙がおったてたい。
　ある日のこつ、仲ん良か赤蛙と道ばたで遊んどっと、馬の走ってくるひづめん音ん聞こえて来たったい。
「おい、あぶにゃぁぞ。早う逃げんと馬んやつにけとばされてしまうばい」
　赤蛙がふてえ声で叫んだっばい。
「なあん、馬なんか、何でんなか。おれは逃げんけん、おまえは逃げなっせ」
　雨蛙は胸を張ってこういわした。
「ふん、このへそ曲がりが、そんなら勝手にせ」
　赤蛙はそぎゃぁんいうと、道ばたの草むらん中へぴょんと飛び込んで隠れたったい。そこへ裸馬ん、ダッダッダッて走って来たけん、へ

そ曲がりの雨蛙は、ひづめにかけられち遠方へはね飛ばされらした。
　赤蛙が心配して草むらから出ち行くと、雨蛙は目を回しち伸びとったてたい。
「だけん、おおが言うたろが」
「なあん、おら、どがんもなかばい」
「そんなら、けどばされたときにゲェローッて、今にも死んそうな声ばだしたっは、なしてな」
「ああ、あら、馬んやつが、おっば踏んづけるごつなったけん気ばつけろって注意したった」
「そんなら、あんとき目玉をグルグリッてさせたのは、どうしてな」
「ああ、あらあ、コノヤローッて、馬んやつをにらみつけてやったった」
「そんなら、もう一つ聞くばってん、あんとき足ばツクウンッて伸ばして、あおむけ伸びとったっは、なしてな」
「ああ、あらあ、馬んやつば、エイ、コラーッてけとばしてやったっばい」
　雨蛙の負け惜しみに赤蛙もあきれっしもうて、ゲロゲロッて笑ってしもうたてたい。
　ところで、へそ曲がりん雨蛙のお母さんは、亡くなる前に、枕元に呼んで、こぎゃん頼ましたてたい。
「あんたに聞いてもらいちぁ最後ん頼みんある。そらあ、あたしん墓ば必ず川のほとりん低いとこんに造ってはいよ」
　お母さんは、へそ曲がりん子蛙のこっだけん、こぎゃぁん言えば、きっと小高い丘ん上に墓を造ると考えらした。
　子蛙は考えた。
「いつも親ん言うこつは聞かんで心配ばっかかけとったけん。最後の頼みぐりゃぁその通りにしよう」
　だけん、お母さん蛙の言う通りに墓ば小川んほとりの低いとこんに

造ったてたい。
　ばってん、困ったことに雨ん降ったび「墓ん流されんどか」と心配でたまらん。
　だけん、雨蛙は雨が降ったび、「どうか、お母さんの墓を流さんでくれ」と天の神にお願いして「コロコロ、ケロケロ、クルクル」と鳴くとたい。

◆**熊本市**（黒木淳子）
　昔、昔んこつばってん、あるところにたいぎゃなへそん曲がった雨蛙がおったげな。
　ある日んこつ、仲ん良か赤蛙と道ばたで遊んどると、馬ん走ってくるひづめん音がきこえち来た。
「おい、あぶなかぞ。早う逃げんと馬んやつにけとばさるっぞ」
　赤蛙が、ふとか声で叫んだげな。
「なあに、馬なんか何んでんなかばい。おっどんな逃げんけん、にゅしゃ逃ぐっとよかたい」
　雨蛙は、胸ば張って、こぎゃん言うた。
「ふん、こんへそ曲がりが。そんなら勝手にすっとよか」
　赤蛙は、そぎゃん言うと道ばたん草むらん中にぴょんと飛び込んで隠れたげな。
　そこへ裸馬が、ダッダッダッと来たけん、へそん曲がった雨蛙は、ひづめにひっかけられ遠くん方へはね飛ばされてしもうたばい。
　赤蛙が心配して草むらから出てくっと、雨蛙は目ば回してくたばっとったげな。
「だから、おるが言うたっじゃなかか」
「なあに、おるはなんでんなかぞ」
「そんなら、けとばされたときにゲローッて、今にも死んだごつ声ば出しとったつは、どぎゃんしたつや」

「ああ、あるはな、馬んやつがおれを踏みつけんごつなったけん、気ばつけんかって、注意ばしたったい」
「そんなら、あんとき目玉ばギョロギョロさせたつは、どぎゃんしたつな」
「ああ、あるはな、コン馬鹿がって、馬んやつば睨みつけたつばい」
「そんなら、もういっちょ聞くばい。あんとき足ばピクッて伸ばして、あおむけに伸びとったつは、どぎゃんしたつや」
「ああ、あるはな、馬んやつばエイ、コラーッて蹴とばしてやったつばい」
　雨蛙の負け惜しみには、赤蛙もあきれてしもうて、ゲロゲロッ笑ろうたげな。
　そうばってんが、へそん曲がった雨蛙のおっ母さんは死なはる前、枕元に呼んで、こぎゃん頼んだったい。
「あんたに聞いてほしか最後の頼みんある。それは私の墓ば必ず川のほとりの低かとこに造ってほしか」
　おっ母さんは、へそん曲がった子蛙のことだけん、こぎゃん言えばきっと小高い丘の上に墓ば造ると考えたげな。
　子蛙は、考えた。
「いつでん親ん言うこつば聞かんで心配ばっかかけて来た。最後の頼みんぐらいは、そん通りにすっか」
　そんで、おっ母さん蛙の言う通りに墓は小川のほとりの低かところに造ったげな。
　そうばってんが、困ったこつに雨ん降るたびに「墓が流されんか」と心配ばっかしとった。
　それで、雨蛙は雨が降るたんび、「どぎゃんしてでん、おっ母さんの墓ば流さんではいよ」と、天の神さんに頼んで「コロコロ、ケロケロ、クルクル」と鳴いとったげな。

15. 鹿児島県

◆阿久根市脇本（跡上浩子）

あめんどんこは　ないごて鳴っとじゃろかい

　昔むかしのことじゃっどん、あるところにわざれかよごもん（へそ曲がり）の雨蛙がおったっじゃっつが。ある日のことよかどし（同志）の赤蛙とみっばたあすどったや。馬がはしっくっひづめのおとがきこえっきた。

　「おい、あんなかど。はよ逃げんな馬になげられっしもど」

　赤蛙がふとか声でおめたっじゃっつが。

　「ないの、馬なんだどげんもなか。おや（おれ）逃げんで、わや（君）にぐればよかが。」

　雨蛙は、いばってこげん言うた。

　「んだ、こんよごもんが。ほんならよかごとすればよかが。」

　赤蛙は、そげん言うて道っばたのやぶくら（草むら）んなかにぴょんとフで（とんで）ひっかくれたっじゃっフが。

　そこへうまがダッダッダッと走って来たもんで、よごもんの蛙はひづめにひっかけられて遠かところまで、とばされてしもた。赤蛙が心配してやぶくらから出ていたや。赤蛙は目をまわして伸びとったっじゃっつが。

　「ほいで、おいが言うたどが」

　「おや、どげんもなかど。」

　「ほんなら、はねっきゃられたときゲエローッていっき死んかかったこえをだしたたないごてよ」

　「ええあやなぁ、馬がおよ踏もてしたで、気をつけんかて注意したっよ。」

　「ほんなら、あんとき、めんたまをグルグリッてしたとはないごてよ」

　「えー、あやなぁ、コンヤローちゅて馬をにらみつけたっよ」

「ほんなら、もいっちょきっど。あんときツクウンッて、のべてあおむけに伸びたたないごてよ。」
「あゝ、あやなぁ。馬をエイ、コラーッてけとばしたっじゃが」
　雨蛙の負け惜しみにゃ赤蛙もあきれてしもて、ゲロゲロッてわるてしもたっじゃっつが。
　ところで、よごもんの雨蛙のおっかんな、亡くなる前に枕元に呼んで、こげん頼んだっじゃっつが。
「おめに聞いてもろごたっ最後の頼みがあっと。それは、あたいが墓を必ず川んそばのひっかところにつくってもろごたっ」
　おっかんは、よごもん子蛙のこっじゃっでこげん言えば、きっとちっと高っかおかん上に墓をつくっと考えたっじゃっつが。
　子蛙は考げた。
「いっでん親ん言うことを聞かんじん心配ばっかいかけてきた。最後の頼みんぶんな、そん通りにしょう」
　そいでおっかん蛙のいやっごっ墓は、小川のそばの低っかところに造ったっじゃって。じゃいどん、困ったことに雨が降るたびに「墓が流されんどかい」と心配でたまらんとよ。
　そいで雨蛙は雨が降ったんびに、「どうか、おっかんの墓を流さんごっして下さい」と天の神様にたのんで「コロコロ、ケロケロ、クルクル」と鳴ったっつが。

昔話「雨蛙はなぜ鳴くか」

> **参考**

八重山（竹富島）の民話

　上勢頭亨氏の郷土資料館を拝観し、星砂の民話をうかがう（本土の母音はＡＩＵＥＯであるが、沖縄の母音は、ＡＩＵしかないので、ＥはＩ、ＯはＵに似て発音されることが多いようだ）。

のーしどぅ　ふしいんのーや　できかやー
　（どうして　星砂は　できたか）

　むかし、とうさるむかし。
　（昔、昔）
　にぬー不和ぬすらなひかりるにぬふわふしとぅ、んまぬふわぬすらな　ぴかりるんまぬふわふしぬうどぅ、しむとしむゆあーしみゆとうになったとぅー。

　　子（北）の方の空に輝く北極星と、午（南）の方の空に輝く竜骨座の星が、心を寄せ合って、夫婦になったそうな。

　あいて、とうきとぅとぅーたつとぅ、なまさぬ　ぐまさるふしぬまりーて、いんなーなほいりたとぅー。
　こーいふしゃるふうむぬなーむぬ　うみきいてぃー、くぬふしのふわーゆじいちちやんぬくらなーばたぬみーいほいねーなたとぅー。
　くぬふうむぬぬヒースまるとぅ、ふしぬふわやーけーらぶになりてぃー、
　くぬテードンのはまへうちゃいらーりたとぅー。

　　それで、十月と十日たつと、たくさんの小さな星が生まれて、海の中を漂っていた。そこへ大きな大物長者（フカ）が泳いで来て、その星の子をひとつ残さず腹一ぱい食ってしまったそうな。そのフカが糞をすると、星の子はみんな骨になって、この竹富の浜へ打ち寄せられたそうな。

　くりゆしむいたさうむいおーる　うらどぅ　ぬかんぬ、ころーな

III

いりてぃ、こんぬアンマせーいとどいびたとぅー。
> それをあわれに思ったうらど（浦海）の神が、香炉に入れて、天の母の所へとどけてやった。

あいたどぅんまぬふわのすらのふしや　ぐまさるふわの　ふしゆうまなさ　ひきさぁーりてなまんびからぴからとぅぴかりてぃぶうとぅー。
> だから午の方の空の星は、小さな子どもの星を一ぱい引きつれて、今でもきらきらと輝いている。

うぬーわきしどぅ、なまーんはるぬちちなちぬちち　あきぬちちふゆぬちちになるとぅ、しまぬかんちかさやー、ふしぃんのうゆぅころーない里程、かんといえーひきおいしたとぅー。
> そういうわけで、今でも春節、夏節、秋節、冬節になると、島の神司は、星砂を香炉にいれて、神に供えるのだそうな。

くりし、しまいゆぅひされー。
（これで、おしまい。）

　　　　　　　　　　（むにがたいのびと　ういしどぅぬとほる）
　　　　　　　　　　　　　　　　　　　　（語り手・上勢頭享）
　　　　出典『文学教育—その実り豊かな実践のために』（新評論）

　この民話は、いわゆる伝説が物語化したものであろうが、竹富島の風土にぴったりの掌編として美しくみごとである。語り手の故人上勢頭さんは、島の史家としても、伝説の採集者としても、郷土芸能の伝承者としても、年期の入った方であり、その風格と情熱には頭の下がる思いであった（なお、この話は編者（安藤）の再話に上勢頭さんが竹富の言葉をつけて下さったものである）。

> **参考**

昔話の形式的な約束

　昔話には、先ず「開始の言葉」があったと考えられております。次に、話の「発端の言葉」があります。そして、語りの途中では、聞き手側の「合いの手・あいづち」があって、話の結びには「結末を告げる言葉」があるのが普通です。
　これらについて、いくつかの用例をあげて、昔話の約束を紹介しておきましょう。

①**開始の言葉**――昔話の開始に先だつ挨拶の言葉
　「とんとあるはなし、あったかなかったか知らねども、昔のことなれば無かったこともあったとして聞かねばならぬ。」(鹿児島)
　このような形の言葉は、日本の場合すでに消えさってしまっているようですが、諸外国には、いろいろと残っております。なぜ、このような挨拶が必要になるかといいますと、現実の世界から、虚構(夢幻)の世界へと聞き手をいざなう、ひとつのけじめをつけるためにあるのではないでしょうか。そして、それは、さらに昔話の源流をたずねていった時に、神話を語る際の儀式などの影響があるのではないかと思えるのです。

②**発端の言葉**――時代・場所・人物を規定しないことによって、逆に茫漠と規定する。昔話にとってなくてはならない言葉
ⓐ「昔、ある所に」というような単純ないい方があります。話の開始を告げて聞き手の注意を向けさせるわけです。
ⓑ「どんな国だか、どんな地方や場所だか、どんな町だか、またどんな街角だか、わしは知らないが、一人の貧しい男やもめが住んでおった。」
　　これは、いってみれば「昔々」という世界共通の言い方を具体的にしたわけです。語り手が物語の不合理な要素を信じこませ、聞き手を遠い時代と場所にいざなって、夢幻の世界(境地)に遊ばせるために使われるわけでしょう。
ⓒ「これは、われわれの喜界島に昔あったことだが。」とか、「青瀬なら青瀬に仲のよい夫婦があった。」とか、「由良の海に大きな岩がある。」と

いうような言い方があります。
　これは、聞き手の印象を強めるために実在の人物や、現実の場所と話を結びつけるわけです。昔話の本質は、虚構の世界に遊ばせることですが、時に聞き手を真実であるかのように印象づけて語ろうとします。これが、昔話を伝説化させる原因ともなります。
ⓓ「昔の昔のその昔、ずっと昔の大昔」
　聞き手が子どもである場合に多く使われます。子どもの心を待ちどおしがらせると共に、ひとつのリズムをともなった口拍子の役めをしています。
※　昔話を連続して語る場合には、長い発端の言葉は省略されて、「これも〜」「だんだん〜」「先にも申すように〜」というようになります。

③結末を告げる言葉——開始の挨拶と発端の言葉に対応する
　これは、本来は一つの虚構の世界の終了を宣言する厳粛な挨拶であったのでしょうが、時代が下がるにつれて、次から次へと昔話をねだる子どもたちに対して、「はい、これでおしまいですよ。」というような意味をこめて言われるようになったようです。ですから、この言葉には、いろいろと愉快なものがあります。いくつか紹介してみましょう。

　用語紹介
・むかしまっこ猿まっこ、猿のけつはまっかいしょ。（大分）
・むかしこっぽり、ごぼうの葉、あえて食ったら、うまかった。（鳥取）
・そりばっかりの、ばくりゅうどんの大きん玉。（熊本）
・どんびん、三助、猿まなく、猿のけっつさ、ごぼう焼いて、ぶっつけろ。（山形）
・しゃみしゃきり、鉈つかぼっきり、茶釜のふた、チャンチャラリン、せんちの踏板ガタガタ。（新潟）
・いっちごさっけえ、どっぺん、甘酒わいたら飲んどくれ、漬菜がしょんだら噛んでくれ。（新潟）

ⓐ「えちゃぽんとさけた」「いちご栄えた」「孫子しげた」
　こういう系列のものは、主人公の幸福を語る場合に使われます。いちごというのは、「一期」ですので、それが変化して「市が栄えた」とか「え

ちゃ」というようになったわけです。
ⓑ「この話をしてくれた人の口は、まだ、ほやほや。」というような言い方ですが、日本には、あまりないようです。内容の信憑性の証拠または証人を求めようとする形式の言葉ですから、その話がうそでないことを示そうとしているわけです。
ⓒ「さうりきり」(壱岐)「一昔こっぷり」(広島)「どんとはらえ」(岩手)
　これは、語り手が聞いたかぎりのいっさいを語ったことをあらわす言葉です。
ⓓ「じゃからあんまり意地わるうしよるとちいんにゃ人が憎むぞ。」「人まねこすれば、蛇やどんこ(蛙)で、びっくりしゃっくり。」
　聞き手に対して、教訓的・道徳的な観念をにおわしておわらせるわけですので、この言い方は、子どもに向けられて語った場合に多くなるでしょう。
ⓔ「どうびん三助猿まなく、猿のまなくに毛がはえた、けんけん毛抜きで抜いたれば、めんめんめっこになりました。」「だから尻も顔も、あんげね、まっかになったといの。」
　こういう形は、動植物の発生の由来・習性・形態を説明する言葉でもって話を結ぶときに使われます。
ⓕ「二人の子どもは、生き失せて見えなくなった。」(竜宮女房)「兄はトウキ(占者)に、姉はヌル(祝者)に、妹はユタ(巫女)となった。」(天人女房)
　これらは、事件の内面的発展として、主人公の運命に関心が払われ、その結果として生ずる形式ですので、単なる形式的な言葉として考えるべきではないでしょう。

④合いの手・あいづちの言葉と文末の形

　昔話は、語りの文芸ですから、語り手聞き手との呼吸が合っていればいるほどに、虚構(夢幻)の世界にはいりこむことができます。語り手は、聞き手が合いの手をうまく打たなければ話を先に進めません。広島では、合いの手の「フン」を打ち忘れると語り手は「フン太郎どもせえ。」と、どやしつけることがあるそうです。また、語り手の話がうまくなければ、聞き手は、突然に合いの手のかわりに「さそ、へそ、でべそ。」となじることさえもあります。

この合いの手によって、聞き手と語り手と登場人物の三者の気持ちは、ますます密着し、ぴったりとするわけです。なお、語り手の言葉づかいの中で、注目したいのは、文末の伝聞っと呼びかけの「そうな」「〜と。」「〜げな。」とか、「〜ね。」「〜ない。」「〜の。」という文末です
　これは、聞き手の心の中にじわじわとしのびこんでいく敬愛とやさしさのこもった言葉づかいといってよいでしょう。

　合いの手紹介
・はーりゃ・はーと（岩手）
・おっと（山形）
・げん・げい（宮城）
・さそ・せえす・さあす・さすけ・さんすけ（新潟）
・ほーん（京都）
・へんと（石川・岐阜）
・へえご（千葉）
・へえん・そうかな（山梨）
・へんとこさ・ふんとこさ（群馬）
・ふうん（長野）

出典『民話のこころ』安藤操・日本標準

心にしみいるふるさと言葉

《エッセー》

古い地方のことばと「いのち」

鈴木　喜代春

　私は青森県の南津軽郡光田寺村（現在は田舎館村）に生まれ、28歳まで、そこで生活しました。村はどこまでも平野の村で山も森もありません。西に岩木山、東に八甲田山がそびえています。毎日、平野の遠くにそびえる岩木山と八甲田山をみながら育ちました。私は28年間、純粋な津軽ことばで育ちました。

　昭和29年（1964）に千葉県の松戸市の小学校の教師となりました。以来葛飾区に、千葉市に、牛久市に住んで50年になります。私は小、中学校や教育研究所、教育相談にかかわり、しゃべることと深いつながりをもつ仕事についてきました。ところが私は、いつまでも津軽ことばです。どうしても津軽弁からぬけきれないのです。ふしぎに、私が言うと「鈴木ぶし」といって、聞いてくれるのです。なんともありがたいことです。

　ところで私は、たびたび津軽へ出かけます。行くたびに「津軽のことばも変わってきた」と思うのです。だんだん一般的なことばになっていくのを感じるのです。さてここに、私の生まれた村の「田舎館村誌」があります。資料も内容も学術的に価値のある村誌です。ところが一般的な村誌とちがって「読む村誌」ともなっていることです。編集者の才能と苦労を、私はひしひしと感じるのです。

　この村誌に「田舎館村の村民生活」という章があります。その中に「家族関係の呼称」という節があるのです。それによって「家族関係の呼称」をみてみます。

　「赤ん坊」を「モッケ」「アガゴ」「アガビッキ」と呼んだのです。「幼児」は「ワラシ」「オナゴワラシ」（女子の場合）、「少年・少女」の「男」

は「アンユ」(長男)「アンチョ」(長男)「ヤツメカス」「フクロパタキ」「オトコヨデ」(ともに末っ子)、「女」は「メラシ」「オナゴヨデ」(末っ子)、「若年」は「男」が「アンサ」(大家の長男)「オンチャマ」(大家の次男)「アニ」(長男)「オジ」(次・三男)、「女」は「アネサ」(大家の娘)「メラシ」「アネ」(アニの嫁)「オバコ」(オジの嫁)、「壮年」の「男」は「アマ」(既婚のアニで子どもである)、「エデ」(既婚のオジ)「トッチャ」(上品な呼称)、「女」は「アバ」(40歳まで)「アパ」(40歳まで)「カッチャ」(上品な呼称)、「熟年」の「男」は「ドド」「オド」で、「女」は「アバ」(50歳代)、「年寄り」の「男」は「ジサマ」「ジッチャ」「ジコ」で、「女」は「バサマ」「バッチャ」「ババ」となっています。

　私の「十三湖のばば」(偕成社)の「ばば」は、津軽では年寄りの女の呼称なのです。

　このような呼称も、いまは消えたものもあるようです。「アヤ」「アパ」は、もう既に消えてしまったようです。私の子どもの頃は「アヤ」「アパ」と呼んだものです。津軽ことば(弁)も消えていきます。私は「親子の呼称」を大事に記録している「田舎館村誌」を、ますます大事にしなければとおもうのでした。そして、いまもたびたび開いて読んでいるのです。読んで楽しいのです。そこには新しいものとともに、古い人間の生活が生き生きと生きているからです。

(児童文学者・青森県)

「ふるさとことば」あれこれ

中山　禎子

　小学校のころ漢字の読みのテストを、隣と取り替えっこして採点しあうことがあった。そんなとき、返ってくる答案には思いもよらぬところに×がついている。(病院)はわざわざ、「びょうエん」と書き直してある。いさましい（勇ましい）と書けば、「エさましい」と直されている。

　私の故郷の新潟では、しばしばこんなふうに「イ」と「エ」の混合があった。『びょうエんのいんちょうさん』だったりした。もともとは「イ」と「エ」の発音があいまいなだけなのだが、文字にするのにはどちらか書かなければならないから、誤った方を選ぶ人も出るのだろう。また、一文字の言葉、『歯』『目』『毛』などは、『ハア』『メエ』『ケエ』と発音する。ちょっと関西弁のようだ。古語のような言葉もある。『こって（とても＝こちたし）』『腹くっちゃい（腹一杯だ＝はらくちい）』『しょうしい（恥ずかしい＝笑止）』など。

　古語のようといえば、私の母の発音は旧仮名遣いのようだ。出身は群馬との県境近い塩沢（お召しなどの織物の産物）だったが、『くゎじ（火事）』と『けんくゎ（喧嘩）』は文字のとおりに発音した。「病院（びゃういん）へ行かふ」は、この文字のような発音をした。その地方の多くの友人がそうだったがアとオの中間のような発音で、口の形もそんなふうに見えた。

　もしかして、もともとは日本全国そういう発音で話していて、発音どおりに仮名がついていたのだろうか。考えて見ると面白い。どの地方の方言も成り立ちなどにも面白いものを持っている。全国一言語で分かりやすいのもいいが、独特のニュアンスは捨て難いと思う。

（アナウンサー・長岡市）

お国言葉に助けられ

島　利栄子

「それどこの言葉なの？」

興奮すると我知らず、方言を口走るらしい。それも故郷の信州、転勤で暮らした各地の方言などが入り乱れてくるので皆、一瞬はてなの顔、そしてどっと笑いがはじける。

私が生まれ育ったのは、松本と長野の中間の山村である。寒く貧しく閉鎖的な場所なので、方言の宝庫だった。「おじいさん、ずくなしになって。さんざ遊んでおいて、ごーさわくわや。ああしろこおしろって、おじょこってもんせ。そうずら？」（ずく＝惜しまず働く。さんざ＝たくさん。ごーさわく＝腹が立つ。おじょこ＝余分）

昭和44年、結婚。千葉県の市原で社宅住まいが始まった。社宅は全国津々浦々の方言が出会う場所である。人の言葉を拒否すると、自分もされた。いつしか互いが仲良くなるために、進んで方言を使う術を身に付けた。言葉は違っても、人の心は同じことを知った。

昭和47年、北海道へ転勤となり、そこで10年を暮らすことになった。子育て真っ最中で、幼稚園、学校などを中心に地元の人との交流がいっきに増えた時期である。北海道の気質はおおらかで、大陸的である。どんなときにも「なんも。なんも」と言葉も優しく、人柄も優しかった。（なんも＝いやいや、ちっとも）

そして、昭和55年、今度は山口へ移った。子供から手が離れて、友人と県内のお年寄りを取材し、昔話の採集を始めた。

「この頃、おじいさん、酒飲んで、やたらにねんごーたれて、じらくって、ぶちせんないでよー」とやられる。私も「ふが悪いんじゃけえーの、はぶてちゃいけんよ」と山口弁で返す。（ねんごーたれる＝

くどくど説明する。じら＝わがまま。ぶちせんない＝大変面倒。ふ＝運。はぶてる＝すねる）にわか作りなので微妙な間違いが笑いを誘い、打ち解けるきっかけになった。よそ者なのに信用され、「夜這い」「嫁姑」など扱いにくい話を聞き書きできたのも、方言のおかげと感謝している。

　こうして、私はライフワークの基本をこの地で学んだのである。昭和63年、市原に戻った。そして取り掛かったのが千葉県下で元気に働く女性の取材である。無手勝流で飛び回り、1年で100人を新聞に連載した。

　かつぎ屋さんについて一日中歩き回った。海女さんと一緒に体に火を入れた。厚かましさだけがとりえの私には、「おいねえよ」「だっぺ」のざっくばらんな響きが、どんなにありがたかったかしれない。

　転勤でどこでもよそ者だった私が、八千代に家を持ってから八年が過ぎた。最近は地元の若い女性たちと一緒に、木更津、習志野、そして八千代などでお年寄りからの聞き書きに取り組んでいるが、あの素朴で温かい千葉訛りがほとんど聞けないのは寂しい。語りに面白みも消えた。「千葉弁絶滅」を危惧しているところである。

　老親が倒れて、隔週で信州通いが始まった。老人ホームを嫌い、家に帰りたがる父に語りかける。「父ちゃん、わにないで！けっぱれ！けっぱれ！」（にわる＝照れる　けっぱれ＝がんばれ）ホーム中が笑いの渦。相変わらず国籍不明な方言で、人を煙に巻く私である。

　お国言葉には共通の温かさとユーモアがある。それが「心の故郷」を揺さぶる。

（女性史研究家・松本市）

方言はかけがえのない癒し

高橋　昌規

　方言や訛は、いまの私—つまり、齢を重ね初老にある私にとって、郷愁を通りこして、「ふるさと」そのものの位置を占めるに至っている。私のふるさとは、宮城県の北部、栗原郡若柳町である。「ふるさとへ廻る六部は気の弱り」との古川柳があるが、さいきん、その心理がよく理解できるのである。

　　ふるさとの訛なつかし
　　停車場の人ごみの中に
　　そを聴きにゆく

　ご存知、啄木のうたである。いまさらのように肯ける。ふるさとの方言や訛は、そぞろに懐かしい。
　ところで、方言は、テレビなどの視聴覚メディアの発展で、かなり風化しているような印象がある。若者たちは、イントネーションに地方性を色濃く残していても、単語や言い回しはとうに共通語ナイズしていて、私たちの年代以前の人ではないと"純粋"な方言をこなせないのではないかと思う。故郷（宮城県栗原郡若柳町）を同じくし首都圏に住む者たちが、年に一度都内に集まり「ふるさと会」を開催するのがならわしになっている。
　ふるさとの町にいる同級生も、2、3人同席することがある。彼らは、町会議員であったり、農協の理事長であったりで町の運営にかかわりがあって、町長以下とやって来るのである。彼らだって"共通語圏"にいる私たちをおもんぱかってか、あるいは公式の場の習慣ででもあるのか、酒がはいっても、私たちが子どものころに大人たちが喋っ

たと同じような方言を、あやつることはできないようだ。まして、今の若者たちは……、と思わざるをえない。結局、方言は、民話のように採録して保存するしかない運命に、あるのかもしれない。拙作にこういうのがある。

ふるさと

ふるさとは懐かしさの原石
郷愁の発信地である。
ふるさとの四季は
ゆっくりゆたかに
変わる時代の変わらぬ時空を染め直す。
喜びにつけ哀しみにつけ
こころにひろがるふるさとは
紡ぎ唄のやすらぎを醸している。
長い道程(みちのり)に疲れて目をつむると
ふるさとの大地のぬくもりが
風のささやきが
すこやかにていねいに生きよと
ふるさと訛で人生を励ましてくれる。
ふるさと──このとこしえなる現存。
若き日の母の笑顔がオーバーラップする。

「私たちはある国に住むのではない。ある国語に住むのだ。祖国とは、国語だ。それ以外の何ものでもない。」とシオランは『告白と呪詛』（出口祐弘訳　紀伊国屋書店）でいっている。物まねを許してもらえば「ふるさととは、方言だ」ともいえそうである。とまれ、私にとって、ふるさとも方言も、世知辛い現代にあってはかけがえのない癒しとなっている。

（詩人・宮城県）

私のお国言葉

鎌田　啓二

　私は、広島県内で生まれ育ったが、広島大学を卒業すると同時に広島県を離れた。農林水産省に入省後、勤務地を転々（東京３度、鳥取、福島、沖縄、山梨）とし、しかも、妻が島根県出雲市の出身という事情も加わり、いろんな言葉を経験してきた。しかし、そうした中でも、ふるさとの言葉は忘れがたい。そこで、本稿では、有機米栽培グループ「若水組」の農作業現場での一部を、広島県の言葉（といっても、中国地方各県の言葉は似通っているが）で、再現してみたい。

場面１
　○ドーシタンナラ、コケタンカー（どうしたのですか、転げたのですか）
　○アー、タマゲタ、あっカラダマシニヘビガデテキタンジャー（ああ、びっくりした、あそこから突然蛇が出てきたんだ）
　○ホイジャケー、ワシガキーツケーユータジャローカー（だから、私が気をつけろと言ったでしょうが）

場面２
　○ミズタニウズマッテ、コケルケー、ソノボウニサバッテ、コッチニキンサイヤー（湿田に埋まって、転げるから、その棒につかまって、こちらに来なさいよ）

場面３
　○コノミズタデノイネカリャー、シワイノー、コシガイトーナッタ、チートガナカイタバコニシヨーヤ（この湿田での稲刈りは、つらいねえ、腰が痛くなった、少しの間休憩しようや）
　○オツカレデガンショウ、ソコノオゴウサンラ、チートバカリ、テ

ゴヲシテツカーサランカイノウ（お疲れでございましょう、そこの奥さん達、少し、手伝いをしてくださいませんかねえ）

場面４

○コノミズニャー、イナゲナモンモハイッテナイシ、キシャノウナイケー、ノンデモエーンヨ（この水は、変なものも入ってないし、汚くないから、飲んでもいいのよ）

場面５

○オゴーサンノトコノオトンボガコヤノネキデイガリョールガ、ハヨウイッテアゲンサイヤ（奥さんのところの末っ子が小屋のそばで泣いていますが、早く行ってあげなさいよ）

場面６

○アノトケイメゲトルンジャナイノカノー、チートモウゴカンガノー（あの時計壊れているのではないのかねえ、少しも動かないがねえ）

○ソウジャネー、ア、キイテミンサイ、ボンボンチューテナリヨルヨ（そうだねえ、あ、聞いてみなさい、ぼんぼんといって鳴いていますよ）

○ハー３ジニナッタケー、アンタハドーシンサルカイノー、ワシャーイヌルケーノー（もう３時になったから、あなたはどうされますか、私は帰るからねえ）

○キーツケテノー（気をつけてね）

（畜産研究者・広島県）

ふるさとの言葉

尾崎　洋右

　わたしが少年期を過ごしたのは、島根県の西部、山口県に隣接している六日市町です。西日本のあちらと関東のこちらでは、アクセントがまるっきり違うものですから、教員になってから話しことばにそれなりの苦労をしました。

　今でも忘れられないことがあります。大学を出て小学校の教員になったときのこと。体育の授業で子どもたちを整列させたところ、うしろの子どもたちがそろっていないので、「うしろの人、しっかり前に合わせろ」と言いました。すると、子どもたちがくすくす笑うではありませんか。なぜ笑うのか、そのわけを子どもたちにたずねてはじめて「うしろ」ということばのアクセントが違っていることに気づきました。

　「はし」（橋・箸）、「あめ」（飴・雨）、「なし」（梨・無し）などのアクセントもみなその例で、挙げればきりがありません。

　なかでも、教科書にあった宮沢賢治の「やまなし」という作品を指導するとき、この「やまなし」ということばが作品の中に何度か出て来ます。言い方によっては「山がなくなること」という別の意味になるので、少なからず緊張して言ったことを覚えています。

　また、この少年期、わたしは学校の先生というものは共通語を話すのが当たり前と、潔癖なくらい思っていました。当時、六日市の小学校・中学校の先生は出雲出身の人が多かったのですが、先生方はあのズーズー弁の出雲方言は話さず、共通語で話すように努めていたように思います。

　ところが、T高校の２年生になったとき、日本史の授業時間に、地

元出身のI先生が「生徒の分際で、のふどう（ふてぶてしく傍若無人にふるまうさま）なことをしてはいかん」と、方言まるだしでわたしたちを叱ったのです。どうして先生がそのようなことを言わなければならなかったのか、その内容についてはまったく記憶にないのです。が、授業中、先生の口から飛び出してきたことば、「のふうどうな」という方言に、わたしはびっくりしてしまいました。そして、I先生に抱いていた尊敬の念がかなり揺らいだものでした。「学校の先生なのに、どうしてあんなことばをつかうのか」と思ったものです。
　それから大学生になって、現場の先生の授業を見る機会がありました。漁村の学校に行ったときのこと、ここでも先生が方言を使って子どもたちに授業をしていました。その時も、わたしは方言を使っていることに抵抗を感じていました。しかし、後年、ことばにかかわる国語の教員になってみて、同じ地方の人どうしは、共通語という改まったことばに比べて、たとえ先生と児童生徒であれ、方言を使うほうが、かえって心と心との通じ合いができるようになるかもしれないのだ、と思うようになりました。
　方言は、生まれ育ったところのことばです。わたしが少年期を過ごしたところは「ことば」を使うことだけではなく「わたし」という人間そのものを育んだところでもあります。時折、ふるさと六日市に帰ることがあります。そこで、友人や知人に会い、口から自然に出てくることばは、幼い時から口にした六日市ことばなのです。くつろいでふるさとの人間になって、言いたいことを言うことができるのです。「よそゆきことば」ではない方言のよさをしみじみと感じるときです。

（国語教育研究家・島根県）

方言を考える―「あとがき」にかえて

1. 言葉（言語）って何だろう？

　言葉は、話し・綴り（書き）・聞き・読み、そして、考える媒材（用具）です。伝え手と受け手を結ぶ（伝達・コミュニケーション）のは音声（聴覚）や文字（視覚）です。「考える」場合は、それを頭脳の内部で行いますから目や耳を使うことはありません。

　幼児が言葉を身に付けるのは、周囲の人達の言葉を耳にして、知らず知らずのうちに習得するからです。人は成長するにしたがって、周囲の人達との交流範囲が広がって行きますから生活の範囲が、狭い地域から広い場へと進展します。現代では、さらに映像を伴ったマスコミュニケーション（テレビ・ラジオなど）の影響力がとても強いので、地域性は薄くなってきました。それは、地域の言葉（方言や俚言）から共通語の世界へと脱皮することを意味します。

　そのことはまた、地域の生活風土に根ざして生きることからの脱却をも意味しますから人それぞれの生活の原点の喪失にも通じます。石川啄木が望郷の思いに駆られて、上野の駅に「ふるさとの訛り」を聞きに出かけたのは、単なるセンチメンタリズムではなく、ふるさとを捨てて都会に住むことによる人間性の喪失を憂いたことによるのでしょう。

　ところで、言語（言葉）を構成する要素は、音声（音韻・アクセント・イントネーションなど）と語彙（単語）、及び、文法（音声表現・文章表現の法則）です。これたについても考えてみましょう。

2. 音韻

　元々は清んだ音の単語の１部分が、濁音になる例は、東北地方から下総にかけてかなりあります。たとえば、「内」を「うじ」、蟹を「がに」・

柿を「かぎ」・坂を「さが」などと発音します。「旗と肌」は「はだ」、「靴と屑」は「くず」、「的と窓」は「まど」となりますから文脈で意味を考えることになります。

　また、同じ濁音でも息が鼻に抜ける鼻濁音もあります。「かがみ（鏡）・かぎ（鍵）・たまご（卵）」などのガ行の音は、語中や語尾に使われると、鼻に抜ける発音が普通ですが、最近ではかなり清音化が広がっています。なお、上総・埼玉・群馬・新潟・愛知と近畿地方の一部では、元々鼻濁音は使われていません。

　いわゆる「ずうずう（東北）弁」では、「獅子・寿司・煤」は「す→し」、「乳・土・筒」は「つ→ち」と発音されます。東北地方から茨城・千葉にかけては、「い」と「え」の混同も見られます。たとえば「井戸・鯉・声」などがそうです。

　「あい・あえ」は「えぁー」と発音される傾向があります。「灰」は「へぁー」、「帰る・消える」は「けぁーる・けーる」に近い発音です。また、「ひ」が「し」、「さ」が「しゃ」と発音される「ひる→しる」・「さじ→しゃじ」などの例もあります。

3．アクセント・イントネーション

　「箸」と「端」は、音は同じですが、地域によってアクセントが違います。「は」と「し」のどちらを高く言うかによって意味が変わるのですが、その使い分けのない地域や逆に言う地域があります。「雨」と「飴」などがそうです。

　イントネーションは、しり上がりと、平らでなだらかなものとに分かれます。利根川下流地域では、言葉の調子がおおむね尻上がりになるようです。

4．文法

　文の骨格は、主部・述部と、それを飾る修飾部です。「冷たい（修飾）＋雨が（主語）、横殴りに（修飾）＋降る（述語）。」が基本です。

　時間的には、過去・現在・未来のいずれかです。音を1単位の語にまとめれば、単語になり、ある意味を表します。(「あ＋い」＝あい(愛)・「う＋え」＝うえ（上）など。)

　単語の動詞や形容詞などの活用は、語幹に付いて接続の仕方で変化する活用語尾を伴います。そうすることで文の中に位置づくのです。動詞「書く」の活用は「書かない・書きます・書くとき・書けば・書け・書こう」となります。

　千葉・茨城・埼玉・栃木・群馬などでは、動詞「来る・する」の活用が、ユニークです。「来る」は「き（来）ねぇ・きべぇ・きられる・きらせる・きさせる・きれば」と言うふうになります。また、「する」は「し（す）る・し（す）れば」になります。

　このような現象は、発音の単純（省エネ）化と見てもよいのでしょう。地域によって、文法も変化しているのです。全てが共通語を正しいと考える必要はないのです。

5．語彙

　これについては、全国の言葉（語彙）をかなり多くこの書には紹介してありますから、ここでは解説の要はないでしょう。なお、「語彙」は、単独で取り上げられる言葉ですが、「単語」は、文の中で使われている言葉を言います。

6．方言・俚言・訛り

　「方言」とは、ある地方において行（使）われている言葉の全て（全体）を言います。言葉のルーツを考えると、1つ1つの言葉にその発

生地があったと想定されますが、その場所の多くは時の権力・文化の中心地と考えられます。

　池の中心に小石を投げ込むと、静かに波紋が広がります。それは、徐々に広い水面を占めて、ついには池の岸にまで到着します。ところが、その頃には中心地点は、すでに静かになっています。これを言葉の広がりに当てはめてみると、納得できることがあります。

　たとえば、女性の占い師を青森県では「いたこ」と呼び、沖縄本島では「ゆた」と呼びますが、これに類した言葉は日本列島の中央部には存在しません。

　「俚言」は、その土地・地方にしかない言葉です。ルーツを訪ねてもどこにも類似の言葉は存在しない言葉ですから、「俚言」を「方言」と思い込んでいる方もいるでしょう。たとえば、東北地方の「めんこい」（かわいい）や「べこ」（牛）、東北から千葉にかけての「こわい・こええ」（疲れる）などがそうです。こういう俚言を沢山集めたいものです。

　「訛り」は、中央語（共通・標準語）が、音声的に変化したものですから1つの法則に基づいて変化（訛る）しています。

　清音が濁る東北地方や茨城・下総弁がそうです。また、「だい→でぇ」になる「台所→でぇどころ・でぇどこ」や「負えない→おえねぇ・おんねぇ」など数え上げれば切りがありません。なお、「東北地方は寒いので、口をはっきりと開かないで発音するからズウズウ弁・くぐもり声になる」と言うのは俗説でしょう。なにも1年中寒いわけではありません。やはりこれも言語表現の経済性（省エネ）から来たのでしょう。

7．日本方言の区分

　日本の方言の区分は、糸魚川・浜名湖線を境にして東西に分けるのが普通ですが、九州を別立てにする説もあります。

また、日本本土の方言と琉球方言では、かなりの隔たりがあります。東北方言と栃木・茨城・下総方言には共通性があり、区分に迷うところです。もっとも、境界の地域では互いに混ざり合っていますから厳密に区分することは出来ません。

　なお、国語学の大野晋先生は、現在の日本語は西日本から東国へ進んだもので、それ以前には東国に別の言葉が存在したと述べています。筆者は、辺境の地には、生活に必要な最低限度の言葉しか存在しなかったので、西日本の文化が東国に進出するにつれて、その土地独特の言葉は新しい言葉に同化し、ほとんど消滅してしまったと考えています。

8．なぜ、方言に関心を持つのか

　方言学者の徳川宗賢先生は、司馬遼太郎氏との対談で次のように語っていますので概略を紹介させていただきます。

　「言葉は歴史性を負っている。日本語は、長い歴史の中で無名の日本人すべてが参画して創り上げてきた。だから、もっと方言に関心を持って欲しい。方言は日本語の活力の源泉なので、これが涸れると日本語は干からびてしまう。日本語は方言の中から育ってきたが、明治以来方言を馬鹿にしてきた。母親をないがしろにすれば、必ず災いが降りかかる」（『**日本語と日本人**』中公文庫　昭和59.7）

　日本語の豊穣さを守り育てるには、カタカナ語（外来語）からの脱却と方言の再認識がとても大切ではないでしょうか。

あとがき

　「NPO法人ふるさと文化研究会」主催の生涯学習講座「千葉ふるさと文化大学」には、毎年500人近いシニア世代が熱心に受講しています。受講生は、房総半島に生まれ育った人よりも、むしろ日本各地から移住して来た人の方が多いのです。おそらく、千葉県の生粋の土地っ子は、この恵まれた風土を空気のように感じていて、いわゆる愛

郷心をあまり抱いていないのかもしれません。

　逆に移住して来た人達は、第2のふるさととして、この房総をいろいろと知りたいという意欲から受講しているのでしょう。

　これは、ともすればぬるま湯につかっている感のある旧来の房総人にとっては、願ってもないチャンスではないでしょうか。丁度、かつて東進北上して来た新しい文化（言葉）を受け入れ、多様で豊かな風土を築いた房総半島が、21世紀に蘇り、再生し、さらなる飛躍をする契機になるのかも知れないのです。

　ところで、この書は日本各地から移住して来て、生涯学習講座を受講されている人達を中心に資料や文章を提供いただき編集しました。わが国は国土も人口もそう広くも多くもないのに方言を集めてみると東西南北でかなりの違いがあって、カルチャーショックをいささか感じたのですが、それだけ日本の文化は地域に根ざして多様なのです。そのことを誇りに思いたいのですが、明治以後のわが国の国語政策は、富国強兵のための画一化・共通化に奉仕させられて、地域の持つ独自性を抹殺することになってしまったのです。

　幸いシニア世代は、私も含めて古い価値のある地域の文化（習俗や方言など）に幼いころ、わずかながらでも接していたので、こういう形で収集してみると、かなり貴重な内容となり得ました。おそらく今がタイムリミットなのではないかという危惧も募るのですが、出来れば風土に根ざす習俗や方言の良さを未来に向けて蘇らせたいものです。それは、古いものと新しいものとの混交・融合による創造であります。

　ここに『房総ふるさと言葉』の姉妹編が同時に出版されることをありがたく思います。資料提供・執筆者諸氏と面倒な編集に携わられた国書刊行会の佐藤今朝夫社長・担当の力丸英豪氏に感謝申し上げます。

　　　　　　　　　　　　　　　　　　　　　　　　編　者

編著者
安藤　操（あんどう・みさお）
小・中学校、短大・大学、教育委員会に勤め、国語教科書編集や文学・詩・読書教育の理論構築と実践、民話の採集と再話に取り組む。現在「NPO法人ふるさと文化研究会」理事長。
編著『写真集千葉県下の昭和史』全10巻（千秋社）・『ふるさと民話』全7冊（鳩の森文庫）・『房総むかしむかし絵本』全8冊（ほるぷ出版）・『千葉のむかし話・伝説・歴史ものがたり』全4冊（日本標準社）・『先生少しは反省せよ』（三一書房）・『はばたけ子どもたち』（学校図書選書）・『国語・読書の教育』（日本書籍）他

私の好きなふるさと言葉　　　　ISBN4-336 04702-2
平成17年3月28日印刷
平成17年4月11日発行

編　者	安藤　操
協　力	NPO法人ふるさと文化研究会
発行者	佐藤今朝夫
発行所	株式会社　国書刊行会

〒174-0056　東京都板橋区志村1-13-15
TEL 03(5970)7421　FAX 03(5970)7427
http://www.kokusho.co.jp

印刷—株式会社ショーエーグラフィックス　　製本—(合)村上製本所